ヨガであそぼう！2

こどもヨガソング

アートヨガほぐしあそび シアター

小澤直子　新沢としひこ

すずき出版

ヨガであそぼう！2
アートヨガほぐしあそび シアター

目次 CONTENTS

- はじめに ▶ 4
- 今、なぜ"ほぐしあそび"が必要なの？▶ 6
- アートヨガとは？▶ 10
- 本書の使い方 ▶ 11
- ヨガで遊ぶ前に… ▶ 12

Chapter 1 ちきゅうたんけんたい 15

- 第一部　森の入り口・鳥編 ▶ 18
- 第二部　やさしいどうぶつ編 ▶ 24
- 第三部　こわいどうぶつ編 ▶ 30
- 第四部　地球の夜明け編 ▶ 36
- ちきゅうたんけんたい 楽譜 ▶ 42

コラム
ふだんの保育で遊ぶ ▶ 49

Chapter 2 ほぐし忍法シリーズ　51

シリーズ1　にんじゃのにんトレじゃ！
- にんトレ 一の巻　がっせき ▶ 54
- にんトレ 二の巻　開脚 ▶ 56
- にんトレ 三の巻　歩き・ジャンプ ▶ 58
- にんトレ 四の巻　背骨ねじり ▶ 60
- にんトレ 五の巻　背面のばし ▶ 62
- にんトレ 六の巻　上体そらし ▶ 64

シリーズ2　みっしょのミッション
- どとんの術　呼吸 ▶ 66
- 七化けの術　足腰強化法 ▶ 68

ほぐし忍法シリーズ 楽譜 ▶ 72

コラム　ほぐしあそびの対象年齢 ▶ 82

Chapter 3 アートヨガ・基本メソッドで遊ぶ　83

アートヨガ・基本メソッドとは？ ▶ 84

ふーふーストロー ▶ 86	もちもちおもちですか？ ▶ 88
えいじゃないか ▶ 90	手回しオルゴール ▶ 92

コラム　発表会で披露する ▶ 94

アートヨガ・ムーヴ主宰
小澤直子

歌って楽しく ほぐしあそび！

　体をほぐして脳への血流をよくする「アートヨガ」。そのノウハウを活かして、子どものためにつくったあそびが「ほぐしあそび」です。遊びながら心と体をほぐし、強くするのが特徴です。

　乳幼児期は、心と脳と体が劇的に育つ時期です。生まれたとき350〜400gだった脳は、生後8か月で2倍の重さに、5歳で大人とほぼ同じ大きさの約1400gになります。人間の赤ちゃんが、他の動物と比べ、立って歩けるようになるまでに時間がかかるのは、大きくなっていく脳を直立姿勢で支えるという、高度な身体能力を必要とするからです。

　ほぐしあそびは、そんな体の発達を支えるあそびです。背骨や腰に力を集めるもの、緊張をほぐして心と体をリラックスさせるもの、歪みを治しバランスをとるものなど、子どもだけでなく大人にとってもよい動きばかりです。

　ただし、子どもにとって大切なのは、楽しくできることです。子どものためのアートヨガを「ほぐしあそび」と命名したのは、「あそび」の精神を大切にしてほしいからです。本書には、伝統的なヨガのポーズも含まれていますが、正確さより、楽しさの方を優先してください。

　今回は、発表会でもつかえるように、劇遊びにしました。組曲をばらばらにして、日々の保育の中でも遊べます。たくさんの歌とあそびが、子どもたちの体を、さらにやわらげ、強くしてくれますように！

シンガーソングライター
新沢としひこ（作曲）

アートヨガと音楽のコラボレーション！

　第一作目の『ヨガであそぼう！』を出したあと、さまざまな反響をいただきました。「こんな風に子どもたちと手軽にヨガが楽しめるなんてうれしい！」という声や、「自分の体が、変わっていくので驚きです」という声も聞きました。

　そしてわかったことは、みんな健康にはとても関心があるということ。そして、それなのにみんな体のことは、あまり知らないということです。

　みなさんに、もっと「アートヨガ」をわかってほしい、そしてもっと自分の体に、子どもたちの体に関心をもってほしい、ということで、この度、第二弾ができあがりました。

　今回は、もっとエンターテイメント性をもたせて、まるで小さなオペレッタのように組曲で演じられるような作品になりました。たとえば、園の発表会などで、子どもたちが楽しく演じることで、それを見る保護者の方たちにも体のことに関心をもってもらえるような内容になっています。

　この本には、体をほぐして、首や肩の緊張をゆるめていったり、血流をよくしていったり、体全体のバランスを調整していったり、さまざまな要素が、自然に組み込まれていて、楽しみながら、体が整えられていくのです。

　これはこの本を読んでいるだけではダメです。実際に体を動かしてみることが大切です。新しい発見がきっとあることでしょう。

今、なぜ"ほぐし

　緊張しやすい。体がかたい。転びやすい。変な歩き方をしている。体温が低い。病気とはいえないまでも、子どもたちの体が何だかおかしい。保育者が現場で感じる、子どもたちの体の異変があります。背骨がぐにゃぐにゃしていて姿勢が保てない。変なスプーンの持ち方をしていて食べ物をうまく口に運べない。そうした、マニュアルにも載っていない子どもの体の異変を、どう受けとめればよいのか。最近、そんな相談が増えました。こうした問題の大きな要因は、背骨や腰の力の弱さと、関節のこわばりにあります。

　乳幼児期は、脳と体が密接に関係しあいながら発達していきます。たとえば、寝返りをする頃は、首まわりの筋肉の発達とともに、脳の神経回路が急速に発達します。ひじ・ひざ・股関節・胸をつかった腹ばいハイハイの頃は、背骨の力がつくと同時に中枢神経系も発達していきます。四つばいハイハイでは、背骨や腰の力、手首の力がついてきます。

　ところが、近年は生活環境の変化により、本来ならば成長の過程で自然と身についていた背骨や腰の力が、育ちにくくなってきています。住居が狭くなり、ハイハイなどが充分にできていないこと、だっこ器具の進化により、しがみつく機会が減ったこと、体を丸ごと使った外遊びが減ったこと、すべてが悪循環を生んでいます。

　体がこわばり、関節のはたらきが悪くなっているために、背骨の力が失われているケースもあります。体をこわばらせる要因としては、ストレス、睡眠不足、冷房、テレビやタブレットの操作による目や脳の緊張、体を冷やす食物の摂取など……あげればきりがありません。

　こうした状況の打開策として、ほぐしあそびはとても有効です。

　兵庫県に、職員全員が研修を受けて、ほぐしあそびを日々のカリキュラム

"あそび" が必要なの？

に取り入れた保育園があります。毎朝9時から15分、登園してきた子どもたち全員が遊戯室に集まり、ほぐしあそびで遊びます。その日の担当の保育者が、前作『ヨガであそぼう！』の中から、3〜4種類のあそびを選ぶそうです。それを始めて2年後、子どもたちに起こったさまざまな変化を、園長先生が報告してくださいました。

一番大きな変化は、ケガが減ったことだそうです。転ぶことが少なくなり、転んだとしても、すり傷程度で、ばんそうこうを買い足す必要がなかったとのことでした。さらに、インフルエンザの感染者が激減したそうです。1年目は園児65人中たったの10人で、感染した子は、登園が遅く、ほぐしあそびをしていない子たちでした。2年目は、なんと2人だけ。他にも、集中力がついてきた、太鼓がうまくなった、2時間の卒園式でもジッとしていられた、等々、今まで苦労していた問題が、いつの間にかなくなっていたとのうれしいお話でした。

この変化は、けっして奇跡的なものではありません。本来子どもたちが獲得すべき体の基礎を作ってあげれば、どんな子でも、確実に変われるのです。その土台作りを助けるあそびが、ほぐしあそびです。もしも関節がこわばっているなら、ほぐせばよいし、背骨の力が弱いのなら、そこに力が集まるあそびをすればよいし、低体温ならば血流をよくしてあげればよいのです。血流がよくなれば、感染症にも強くなり、体のよい循環が始まります。

ほぐしあそびは、関節をやわらげながら背骨や腰の力をつけて、この時期の心と脳と体の発達を助けてくれます。まずは、解説を参考にしながら、ほぐしあそびで、遊んでみましょう。

ほぐしあそびは…

体の基本をつくります

ほぐしあそびは、肩、ひじ、手首、股関節、ひざ、足首などの関節をやわらげ、そのはたらきをよくします。関節のやわらかさは、赤ちゃん時代にどれくらいハイハイをしたかで、個人差が出てきます。運動量の少ない子はかたくなりやすく、すでに関節がかたくなっていると、運動を嫌がるようになります。ほぐしあそびは、無理なく、自然と体をほぐします。関節がやわらぐと、背骨や足腰に力を集めやすくなります。

集中力をつけます

背骨に力がこもると、気力が充実し、意志力や集中力が増します。ストレスにも強くなります。逆に、背骨の力が失調すると、キレやすくなったり、落ちこみやすくなったりします。

ほぐしあそびには、背骨に力を集めるあそびがたくさんあります。中でも、動物のまねっこあそびは、どの年齢の子も、楽しく遊びながら背骨の力をつけることができます。足腰を鍛える要素が加わると、さらに背骨に力がこもります。

ケガを減らします

ほぐしあそびは、すべての動作を、息をはきながら行います。遊んでいるうちに、体がこのことを学習して、日常生活でも、動作に合わせて自然に息をはくようになります。呼吸と動作が合ってくると、転びにくくなり、転ぶ時にも、無意識にふっと息をはくので、ケガが減ります。

また、足の指をひらき、足首や手首をやわらげ、全身の関節のはたらきをよくするので、転び方も上手になり、やはりケガが減ります。

免疫力を高めます

　免疫とは、病原体（ウィルスや細菌）や毒素など、体にとっての異物が体に侵入したときに、それらを排除しようとするはたらきのことです。

　わたしたちの体は、60兆もの細胞で成り立っています。それらの細胞へ酸素と栄養を運ぶのが、血液です。この血液の流れが、免疫のはたらきに大きくかかわってきます。免疫細胞は、全身の血流がよく、体温が高めのときにはたらきが活発化します。

　本来、子どもたちは血行がよく、体温も少し高めなのですが、近年は、低体温の子どもが増えているようです。

　ふだんから子どもの手や足にさわって、その体温を感じておくことが大切です。

　ほぐしあそびは、全身の血流をよくして、免疫力の高い体をつくります。

　災害時は、非日常的な恐怖と不安に襲われ、受けるストレスは並大抵のものではありません。安心できる寝場所もないときは、睡眠不足になり、体がこわばって血流が悪くなります。心に受けた恐怖が体をこわばらせ、体のこわばりが心をさらにこわばらせます。

　その悪循環を断つためには、息をはきながら、体をほぐすことです。恐怖と不安で、体が緊張状態にあるときは、息すらうまくはくことができません。息が、「ふ〜っ」と、楽にはけるようになるだけでも、心と体の緊張がほぐれます。

　いざというときのためにも、ふだんから、ほぐしあそびで遊んで、息をはくことに慣れておくとよいでしょう。

　ほぐしあそびで全身の血流をよくすると、感染症予防、エコノミークラス症候群予防にもなります。

災害時の心と体のケアに

"ほぐしあそび"のもとになっている
アートヨガとは？

　アートヨガは、現代人のための全く新しいヨガ体系として、わたしが考案し、1983年「アートヨガ・ムーヴ」設立とともに始めたものです。

　その特徴は、体を「大きな頭脳体」としてとらえ、脳の可能性に体からアプローチすることにあります。

　インドで発達したヨガに、呼吸法や体位法を学びながらも、従来のヨガが持っている宗教性や神秘性から離れ、より科学的・合理的な操法をめざして、アートヨガは独自の道を歩んできました。

　「体の操法」を「知の操法」とすることが、アートヨガの重要なテーマです。どうすれば明晰な頭脳と体を手に入れることができるのか、しかもそのためのメソッドは、無理なくできる合理的なものでなければならない。そうした考えのもとに、アートヨガの操法は組み立てられてきました。

　当初は芸術家を対象として始めたのですが、体をほぐして脳への血流をよくすることを主眼としているのが、脳を酷使する現代人にぴったり合ったせいか、時が経つにつれ、いろいろな分野の方々に広がり、今では、音楽家や大学教授など研究職の方々、そして保育・教育関係者の方々からの根強い支持を受けています。

　1992年に『子どもとからだを勉強する』（初出 クレヨンハウス）を出版して以来、アートヨガは、保育の世界にも広がり、子どものためのアートヨガを「ほぐしあそび」と命名して今日に至っています。

本書の使い方

■ 本書の構成

チャプター1　ちきゅうたんけんたい

子どもたちが探検隊になって、旅の途中でさまざまな動物たちに出会います。
出会った動物のまねっこをしながら、多彩なヨガのポーズを楽しみます。

チャプター2　ほぐし忍法シリーズ

子どもたちが忍者になって、アートヨガの柔軟法・強化法で遊びます。

▶ **シリーズ1　にんじゃのにんトレじゃ！**　……　忍者になった子どもたちがトレーニングを積み、体をやわらげます。

▶ **シリーズ2　みっしょのミッション**　……　忍者になった子どもたちがさまざまなミッションを果たし、足腰の力をつけます。

チャプター3　アートヨガ・基本メソッドで遊ぶ

体のバランスをとり、心身の緊張をほぐす、アートヨガ・基本メソッドの一部を
子どもも楽しめるように曲をつけてあそびにしました。

■ ポイント

◎ **ポーズをひとつずつ行っても
いくつかを組み合わせて遊んでもOK**

1曲を通して行わなければならないということはありません。子どもたちの様子を見ながら、まずは楽しめるポーズを選んで遊んでみましょう。

◎ **オペレッタ仕立てなので
劇あそびとして取り組め、発表会にも最適！**

曲を通しで行えば、壮大な劇になります。通しで行うことが難しいときは、子どもたちの得意なポーズを選んで組み合わせ、発表しましょう。保護者にとっても子どもの体に関心をもつよい機会になります（P94のコラム「発表会で披露する」も参照してください）。

※ほぐしあそびの対象年齢については、P82のコラム「ほぐしあそびの対象年齢」を参照してください。

ヨガで遊ぶ前に…

息をはきながら動く

この本で遊ぶとき、必ず子どもたちに伝えてほしい大切なことが2つあります。その1つが「息をはくこと」です。

息をはくと、体がやわらぎ動きやすくなるうえ、心もやわらぎます。1つの動作に1回の息をはきましょう。おなかをふくらませながら鼻からすって、おなかをへこませながら鼻と口ではきます。このとき、「はーっ」という音でなく、「ふーっ」に近い音で、口はとがらせずに、ろうそくの炎を吹き消すような気持ちで静かに息をはきましょう。

絶対に無理をしない

大切なことの2つめは「絶対に無理をしないこと」です。

遊ぶ前に必ず、「ほぐしあそびで大切なことは?」ときいて、子どもたちに確認してください。「無理をしないこと」の意味を理解するのは、大人でも難しいことです。でも、子どもたちは、必ず理解してくれるでしょう。

絶対に無理をしなければ、必ずできるようになるのが、ほぐしあそびの特徴です。

とにかく楽しんで！

とにかく楽しむことが大切です。この本のあそび（ほぐしあそび）は、アートヨガを子どものためにアレンジしたものですが、あくまでもあそびです。楽しむことが一番大切です。

効能があると、大人はついつい無理にでもさせようとしてしまいますが、それは厳禁。嫌がっているときは、すう息に力がこもっていたり、息をつめていたりします。そんなときには、体によいことをしても、よい刺激にはなりません。楽しめないときは、無理に行わないことです。

足ははだし 楽な服装になって！

食べた直後はしない

チャプター1「ちきゅうたんけんたい」に出てくるヨガのポーズは、内臓に刺激がいくので、できるだけ胃はからっぽの方が望ましいでしょう。本格的なヨガのポーズは、食後2時間以内は行いませんが、よほど食べ過ぎていなければ、1時間後には、遊んでもよいでしょう。

その他のものは、食べすぎていなければ、食後30分から行えます。

最後はくつろぎのポーズ

1つのあそびが終わったら、くつろぎのポーズで体をゆるめましょう。あおむけに寝て、足は肩幅、手のひらを上向きにして、目を軽くとじます。

呼吸の基本

この本のあそびは、腹式呼吸で行います。
まずはじめに呼吸の練習をしてみましょう。

おへそから2〜3センチ下の部分を人さし指でさわる。
鼻からゆっくりと息をすいながら、おなかを大きくふくらませる。

ろうそくの炎を吹き消すイメージで、口と鼻の両方で、息をはく。
おなかがぺしゃんこになるまで、しっかりと息をはききる。

くつろぎのポーズ

1つのあそびが終わったら、あおむけに寝て、くつろぎのポーズで体を休めます。

目は軽くとじる
わきはこぶし1個分くらいあける
口はポカンとあける
手のひらは上向きに
足は肩幅にひらく

あおむけに寝て、だらりと全身の力をぬく。目を軽くとじて何も考えず、気持ちのよい楽な呼吸をする。

Chapter 1
ちきゅう たんけんたい

さまざまな生き物のまねっこをしながら、ヨガの多彩なポーズを楽しみましょう。
大切なことは、「気持ちのよい範囲で、楽しく行うこと」です。
できても、できなくても、楽しい。そんな雰囲気の中で遊んでください。

【第一部】森の入り口・鳥編 ▶P18

立ち木のポーズ
▶P19

クジャクのポーズ
▶P20

フラミンゴのポーズ
▶P22

くつろぎのポーズ
▶P23

Chapter 1
ちきゅうたんけんたい

解説

ヨガのポーズには、動物の模倣ポーズがたくさんあります。それは、動物のしなやかな体の使い方の中に、生命のはたらきを強める秘密があるからです。そんなヨガの多彩なポーズを取り入れ、ひとつの組曲にしたのが、「ちきゅうたんけんたい」です。

子ども探検隊が森の中に分け入り、さまざまな動物たちと出会い、そのたびに、動物たちのまねっこをします。そして、ヨガの先人

【第三部】こわいどうぶつ編 ▶P30

ヒョウのポーズ
▶P31

キングコブラのポーズ
▶P33

ライオンのポーズ
▶P34

くつろぎのポーズ
▶P35

【第二部】やさしいどうぶつ編 P24

たちのように、動物たちに倣(なら)いながら、体のしなやかさや強さを手に入れ、生命力を身につけていきます。最後に、大地との一体感の中で、人間としての「英雄のポーズ」を行い、幕を閉じる。そんなストーリー仕立てになっています。

第一部から第四部までを通して行えば、壮大な劇になりますし、第一部だけ、第三部だけというように、単独で取り出しても、劇として発表会にも使えます。もちろん、ポーズをひとつひとつばらばらにして、日々の保育の中に取り入れて遊ぶこともできます。

地球に住む生き物たちと共存しあえるようにとの願いもこめて、この組曲を作りました。絵や写真や本物を見て、生き物のイメージをふくらませてから遊ぶとよいでしょう。ぐっと動きがよくなります。さあ、一緒に、地球探検の旅に出発しましょう！

【第四部】地球の夜明け編 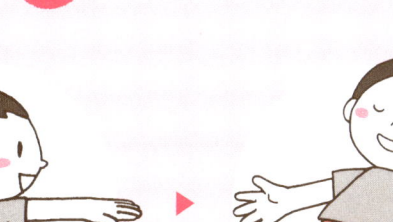P36

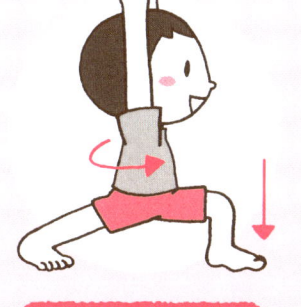
英雄のポーズ A ▶P37

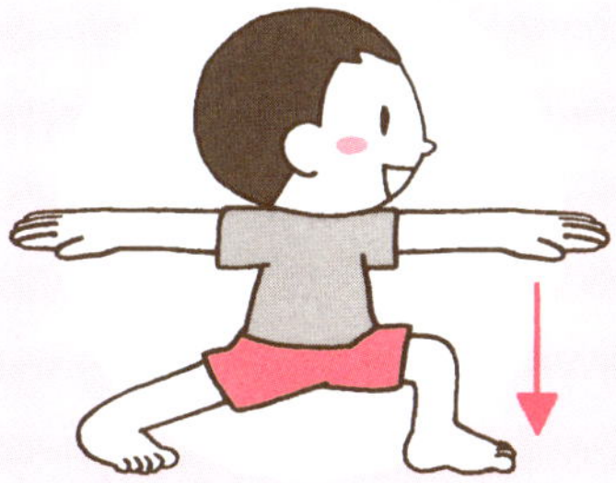

英雄のポーズ B ▶P39

くつろぎのポーズ ▶P40

【第一部】
森の入り口・鳥編

バランス感覚を養い、集中力をつける3つのポーズで遊びます。実際にバランスがとれなくても、バランスをとろうとするだけで、集中力が身についてきます。

1 ♪あるこう ちきゅうたんけんたい

元気よく腕を振りながら足踏みする。

2 ♪くさをかきわけ

目の前にある草をかき分けるように、左右の手を交互に動かす。

3 ♪すすもう ちきゅうたんけんたい

1と同じ。

4 ♪ジャングルのおく

遠くを眺めるようにひたいに手をあて、左右を交互に見る。

木がたくさん！
立ち木のポーズ！

5 ♪りょうて あわせて
両手を上げ、頭の上でピタッと手のひらを合わせる。

6 ♪かたあし あげて そらたかくのびる どこまでも
足の裏が太ももにつくように右足を上げて、ゆっくりと深呼吸しながらバランスをとる。

※足は無理に太ももまで上げなくてもかまいません。それよりも、できるだけひざが外を向くように気をつけましょう。

!!POINT
おなかをしめて背骨をのばす

立ち木のポーズ
▶バランス感覚を養い、集中力をつける①

　片足で立つことは、子どもにとって、とても難しい動作です。初めのうちは、すぐ両足立ちになってしまうかもしれません。両足でも片足でも、大切なのは「木になりきって、じっとする」ことです。まずは5秒静止をめざして、徐々に時間をのばしていきましょう。

7 ♪ラララララララ ラララララララ
ポーズの最初に戻る。

\ 反対をするよ /

8 ♪りょうて あわせて
8、9では、5、6を反対の足で行う。

9 ♪かたあし あげて そらたかくのびる どこまでも

10 ♪ラララララララ ラララララララ
ポーズの最初に戻る。

\ しんこきゅう /

11 ♪しんこきゅう しんこきゅう しんこきゅう しんこきゅう
深呼吸をする。

1 ちきゅうたんけんたい

2 ほぐし忍法シリーズ

3 アート忍者本メソッドで遊ぶ

19

12

♪あれはなんだろう　あれはなんだろう　きれいなとりがおでむかえ

左右を指さす。

クジャクだ！
クジャクのポーズ！

13

♪しゃがんで　てをつき

足をそろえてしゃがみ、手を床につける。

14

♪みぎあし　のばし
てのひらあわせて

右足を後ろにのばしてつま先を立てる。胸の前で腕をのばして手のひらを合わせる。

15

♪のびあがる

合わせた手を頭上に持ち上げ、わきをのばす。

!! POINT ひじとわきをのばす

!! POINT ひざが床につかないように

\ はねをひらこう /

16

♪シャラシャラシャラシャラ
シャラシャラシャラシャラ

15の状態から手をヒラヒラさせて円を描きながら腕をおろす。

クジャクのポーズ
▶バランス感覚を養い、集中力をつける②

　しゃがんだ形のバランスのポーズです。足がぐらつくのは、土踏まずに重心が落ちていないためです。じっとしようとすることで、バランス感覚が養われ、足の指がひらき、土踏まずの形成を促します。難しいときは、片足をのばさずに、両足でしゃがんだ形で遊びましょう。

【第一部】森の入り口・鳥編

1 ちきゅうたんけんたい

＼ 反対をするよ ／

17 ♪しゃがんで てをつき

17〜20では、13〜16を反対の足で行う。

18 ♪ひだりあし のばし てのひらあわせて

19 ♪のびあがる

＼ はねをひらこう ／

20 ♪シャラシャラシャラシャラ シャラシャラシャラシャラ

＼ しんこきゅう ／

21 ♪しんこきゅう しんこきゅう しんこきゅう しんこきゅう

深呼吸をする。

22 ♪あるこう ちきゅうたんけんたい

元気よく腕を振りながら足踏みする。

23 ♪くさをかきわけ

目の前にある草をかき分けるように、左右の手を交互に動かす。

24 ♪すすもう ちきゅうたんけんたい

22と同じ。

25 ♪いのちのみずべ

遠くを眺めるようにひたいに手をあて、左右を交互に見る。

フラミンゴのむれだ！ \フラミンゴのポーズ！/

フラミンゴのポーズ
▶バランス感覚を養い、集中力をつける③

3つのバランスのポーズの中で一番難しいポーズです。「どこを指さすか決めよう」など、楽しみをつくると、たとえ完全なポーズができなくても、楽しみながら遊ぶことができます。形にとらわれず、楽しむことを大切にしましょう。

26 ♪そらゆびさして　あしつかんだら
左手で天を指さす。
右足を上げて右手でつかむ。

27 ♪めのまえをさして
手と足をゆっくり床と平行にしていく。

28 ♪ぴたっととまる
体が止まったところで、バランスをとる。

!! POINT
指さしたところを
じっと見つめると
バランスがとれる

29 ♪ラララララララ　ラララララララ
ポーズの最初に戻る。

\反対をするよ/

30 ♪そらゆびさして
あしつかんだら
30〜32では、
26〜28を反対
の足で行う。

31 ♪めのまえをさして

32 ♪ぴたっととまる

33 ♪ラララララララ　ラララララララ
ポーズの最初に戻る。

【第一部】森の入り口・鳥編

1 ちきゅうたんけんたい

34 ＼しんこきゅう／
♪しんこきゅう　しんこきゅう
　しんこきゅう　しんこきゅう

深呼吸をする。

35 ＼ふわあ、眠く なってきた／
眠たそうに目をこすりながらあくびをして座り込む。

36
♪あしたはなにがあるだろう　あしたはなにがまっている
　あらたなたんけん　ゆめみてる

あおむけに寝て、だらりと全身の力をぬく。
目を軽くとじて何も考えず、気持ちのよい楽な呼吸をする。

くつろぎのポーズ

!! POINT 目をとじて口を軽くあける
!! POINT わきは、こぶし1個分くらいあける
!! POINT 手のひらを上向きに
!! POINT 足は肩幅にひらく

くつろぎのポーズ
▶ 全身の力をぬいて、リラックスする

「死骸のポーズ」という意味をもつ、ヨガの代表的なポーズです。心と体をリラックスさせるポーズで、副交感神経のはたらきを高めます。子どもたちには「さあ、寝るよ」と誘いましょう。あおむけになって目をとじることで、心が落ち着きます。

＼さあ起きよう、次の探検、はじまるよ！／

37 ♪ラララ
右を向いてポーズを決め、ピタっと止まる。

38 ♪ラララ
左を向いてポーズを決め、ピタっと止まる。

39 ♪ちきゅうたんけんたい
それぞれ自由に好きな決めポーズをする（双眼鏡をかまえるふりをする、遠くを指さすなど）。

23

【第二部】
やさしいどうぶつ編

胸をひらいて、風邪をひきにくくする3つのポーズで遊びます。無理をしないこと、気持ちのよい範囲で行うことが、とても重要です！背筋(はいきん)を強くするので、姿勢もよくなります。

1 ♪あるこう ちきゅうたんけんたい
元気よく腕を振りながら足踏みする。

2 ♪かぜをたよりに
人さし指を立て、風上をさがすように大きく動かす。

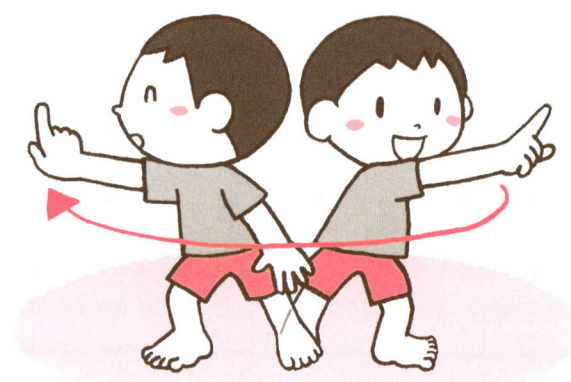

3 ♪すすもう ちきゅうたんけんたい
1と同じ。

4 ♪かわをわたって
のばした腕で波を描くように、左から右、右から左へ動かす。

魚のポーズ
▶ 胸をひらき、風邪をひきにくくする

かかとを突き出してアキレス腱をのばすと、鼻の通りがよくなります。おしりを浮かせる子が多いので、「おしりと頭のてっぺんは、床につけるよ」と、やさしく手をそえて教えてあげてください。気持ちがよいかどうか、必ず声をかけて確認すること！

魚がいるよ！
魚のポーズ！

5 ♪おやゆび なかに こぶしをつくり
あおむけに寝る。親指を中にしてこぶしをつくり、体のわきに両ひじを立てる。息をすう。

6 ♪かかと つきだして むねもちあげる
アキレス腱をのばす。息をはきながら胸をぐーんとそらせ、頭のてっぺんを床につけ、頭とひじと腰で体重を支える。ゆっくり呼吸しながら、静止する。

※静止時間の目安は5～10秒。

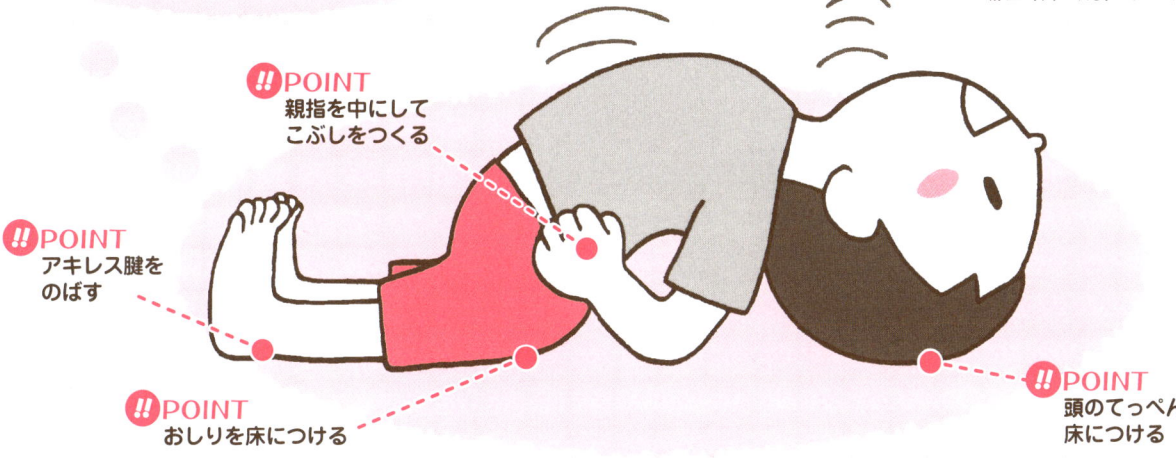

!!POINT 親指を中にしてこぶしをつくる
!!POINT アキレス腱をのばす
!!POINT おしりを床につける
!!POINT 頭のてっぺんを床につける

7 ♪ラララララララ ラララララララ
ポーズの最初に戻る。

もう1回！

8 ♪おやゆび なかに こぶしをつくり
8、9では、5、6をくり返す。

9 ♪かかと つきだして むねもちあげる

10 ♪ラララララララ ラララララララ
ポーズの最初に戻る。

11 \ しんこきゅう /

♪しんこきゅう　しんこきゅう
　しんこきゅう　しんこきゅう

深呼吸をする。

12

♪あれはなんだろう　あれはなんだろう
　くさからくさへ　はねるむし

左右を指さす。

バッタだ！
\ バッタのポーズ ！/

13

♪うつぶせになって　てあしをのばし

うつぶせに寝て、ひたいを床につける。
手のひらを上に向け、つま先をピンとのばす。息をすう。

!!POINT 鼻をつぶさないようにひたいを床につける

!!POINT 手のひらを上向きに

バッタのポーズ
▶ 背筋を強め、風邪をひきにくくする

　呼吸器系のはたらきをよくするポーズです。初めのうちは、手足と胸をもちあげることを目標にします。動きに慣れてきたら、足をピンとのばすように促しましょう。ひじとひざをのばして行うと、おなかと背骨に力がはいり、背筋が強化されます。

14

♪むねをもちあげて　そらをとぶ

息をはきながら、ゆっくりと上体と両足を上げ、両手両足をピンとのばして、そっていく。ゆっくりと呼吸しながら、静止する。

!!POINT ひざをのばす

!!POINT つま先をピンとのばす

15

♪ラララララララ
　ラララララララ

ポーズの最初に戻る。

【第二部】 やさしいどうぶつ編

16 \もう1回!/ ♪うつぶせになって てあしをのばし
16、17では、13、14をくり返す。

17 ♪むねをもちあげて そらをとぶ

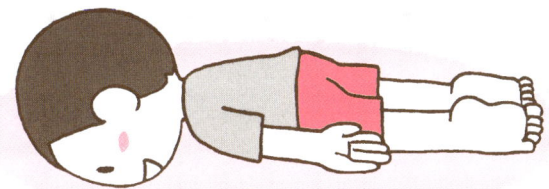
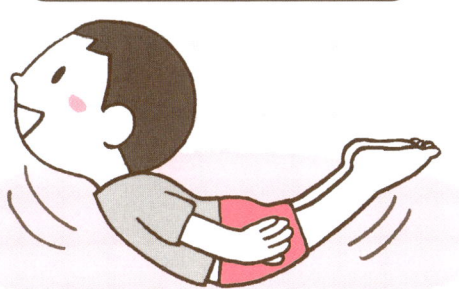

18 ♪ラララララララ ラララララララ
ポーズの最初に戻る。

19 \しんこきゅう/ ♪しんこきゅう しんこきゅう しんこきゅう しんこきゅう
深呼吸をする。

20 ♪あるこう ちきゅうたんけんたい
元気よく腕を振りながら足踏みする。

21 ♪かぜをたよりに
人さし指を立て、風上をさがすように大きく動かす。

22 ♪すすもう ちきゅうたんけんたい
20と同じ。

23 ♪さばくのおかへ
のばした腕で波を描くように、左から右、右から左へ動かす。

27

ラクダがいるよ！ ラクダのポーズ ！

ラクダのポーズ
▶ 呼吸器系のはたらきをよくする

かんたんそうにみえて、じつはとても難しいポーズです。やわらかさだけでなく、腰の力を必要とします。「むずかしい、できない」ということも楽しめるような雰囲気で、遊んでください。初めのうちは、少し体をそらせて胸をひらくくらいでよいでしょう。

24 ♪りょうひざついて おしりにてをあて
両ひざを腰幅にひらいて、ひざ立ちになる。後ろに手をまわして、おしりに手をあてる。

25 ♪うしろにそらせて
おしりに手をあてたまま、上体をそらせていく。

26 ♪あしうらさわる
手のひらを足の裏につけ、胸をそらせる。

27 ♪ラララララララ ラララララララ
ポーズの最初に戻る。

もう1回！

28 ♪りょうひざついて おしりにてをあて
28〜30では、24〜26をくり返す。

29 ♪うしろにそらせて

30 ♪あしうらさわる

31 ♪ラララララララ ラララララララ
ポーズの最初に戻る。

【第二部】やさしいどうぶつ編

32 ＼しんこきゅう／

♪しんこきゅう　しんこきゅう
　しんこきゅう　しんこきゅう

深呼吸をする。

33

ふわあ、眠く
なってきた

眠たそうに目をこすりながら
あくびをして座り込む。

34 ♪あしたはなにがあるだろう　あしたはなにがまっている
　　あらたな　たんけんゆめみてる

あおむけに寝て、だらりと全身の力をぬく。
目を軽くとじて何も考えず、気持ちのよい楽な呼吸をする。

くつろぎのポーズ

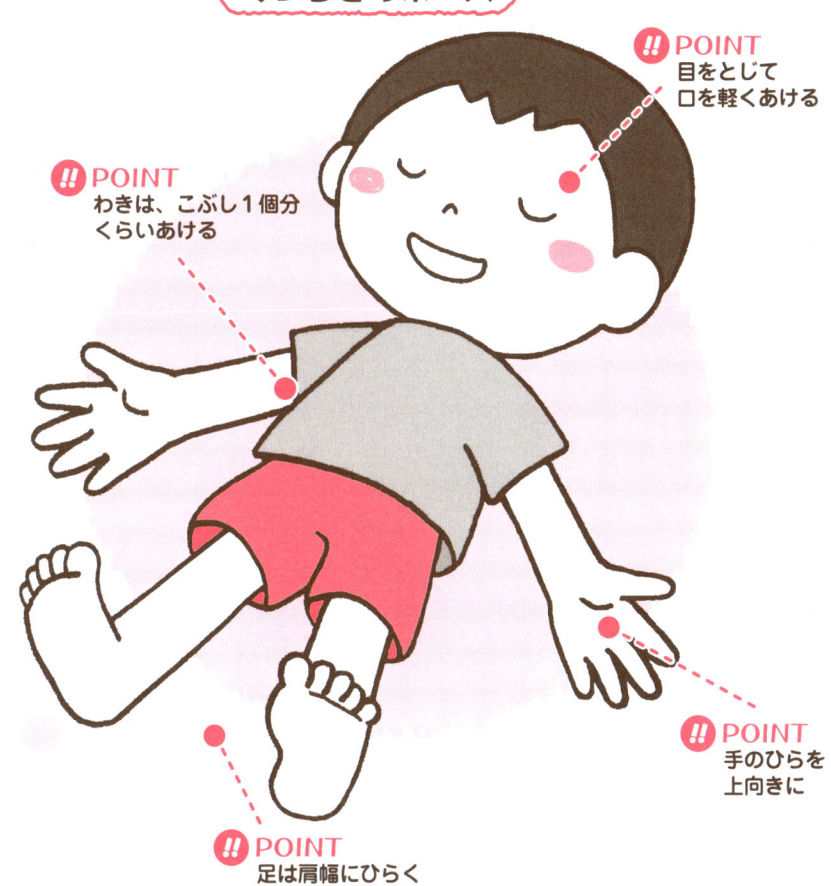

!! POINT
目をとじて
口を軽くあける

!! POINT
わきは、こぶし1個分
くらいあける

!! POINT
手のひらを
上向きに

!! POINT
足は肩幅にひらく

さあ起きよう、
次の探検、
＼はじまるよ！／

35 ♪ラララ
右を向いてポーズを
決め、ピタっと止まる。

36 ♪ラララ
左を向いてポーズを
決め、ピタっと止まる。

37 ♪ちきゅうたんけんたい

それぞれ自由に好きな決めポー
ズをする（双眼鏡をかまえるふ
りをする、遠くを指さすなど）。

【第三部】
こわいどうぶつ編

背中をやわらげ、背骨に力をこめる3つのポーズで遊びます。背骨に力がこもると、意志力、集中力が増します。しなやかで強い背骨をもった、動物たちのイメージをふくらませてから遊びましょう。

1 ♪あるこう　ちきゅうたんけんたい

元気よく腕を振りながら足踏みする。

2 ♪つたをかきわけ

上からたれ下がっているツタをかき分けるように、左右の手を交互に動かす。

3 ♪すすもう　ちきゅうたんけんたい

1と同じ。

4 ♪ざわめくもりへ

両手を上げ、体を左右に動かす。

30

木の上にヒョウがいる！
ヒョウのポーズ！

> **ヒョウのポーズ**
> ▶ 背中をやわらげ、血流をよくする
>
> 前作『ヨガであそぼう！』で登場したネコのポーズ「やわらかねこ」の変形ポーズです。背骨周辺の筋肉をやわらげます。背骨の椎骨間の血流がよくなるので、脳のはたらきも活発になります。ひざの後ろがきちんとのびると、泌尿器系のはたらきがよくなります。

5 ♪りょうひざついて　りょうてもつけて

両ひざを床につけてから、両手を床につける。

6 ♪かたひざ　ひきつけ

背中をまるめながら、左ひざを胸にひきつける。

7 ♪しっぽをあげる

上を向いて首をのばしながら、左足を上げ、つま先をのばす。

!!POINT 肩を下げる
!!POINT ひざをのばす
!!POINT 足の甲をのばす

8 ♪ラララララララ　ラララララララ

ポーズの最初に戻る。

反対をするよ

9 ♪りょうひざついて　りょうてもつけて

9〜11では、5〜7を反対の足で行う。

10 ♪かたひざ　ひきつけ

11 ♪しっぽをあげる

12
♪ラララララララ
　ラララララララ

ポーズの最初に戻る。

13 ＼しんこきゅう／
♪しんこきゅう　しんこきゅう
　しんこきゅう　しんこきゅう

深呼吸をする。

14
♪あれはなんだろう　あれはなんだろう
　ぶきみなおとが　しのびよる

左右を指さす。

ヘビの王様だ！
＼ キングコブラのポーズ ！／

15
♪うつぶせになって　りょうひじたてて

うつぶせに寝て、ひたいを床につける。
胸のわきに手をついて、ひじを立てる。

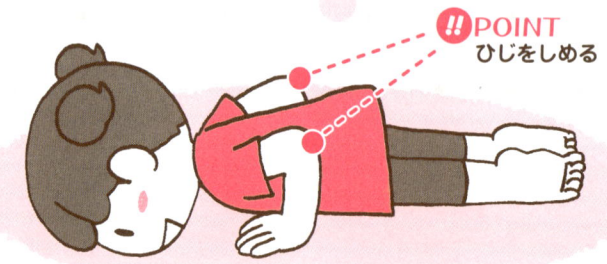

!!POINT　ひじをしめる

16
♪りょうあしをつけて　せすじをのばす

足先をぴったりとそろえる。息をはきながら、
腕をのばして、気持ちよくそる。

!!POINT　肩を下げる
!!POINT　足をとじる

18
＼そのまま！　えものはどこだ？／

♪みぎにいないか　ひだりはどうだ

できるだけ体を垂直に立てて背すじを
のばし、右左を見る。

17
♪ラララララララ　ラララララララ

十分そった後、息をはきながら、
首をおこして正面を向く。

【第三部】こわいどうぶつ編

19
♪めのまえをみたら　せすじをのばす

背すじをしっかりとのばしたまま、息を止め、目を見ひらいて真正面を凝視する。

!! POINT 肩を下げる

!! POINT 足をとじる

キングコブラのポーズ
▶ 背筋が強化され、集中力が増す

ヘビが小動物を威嚇するときの、強い背骨をイメージしたポーズです。背筋が強くなり、肺と気管支のはたらきが高まります。慣れてきたら、「ヘビのしっぽは一本だよ」と、足をとじるように促しましょう。足をぴったりとじると、劇的に背骨に力がこもります。

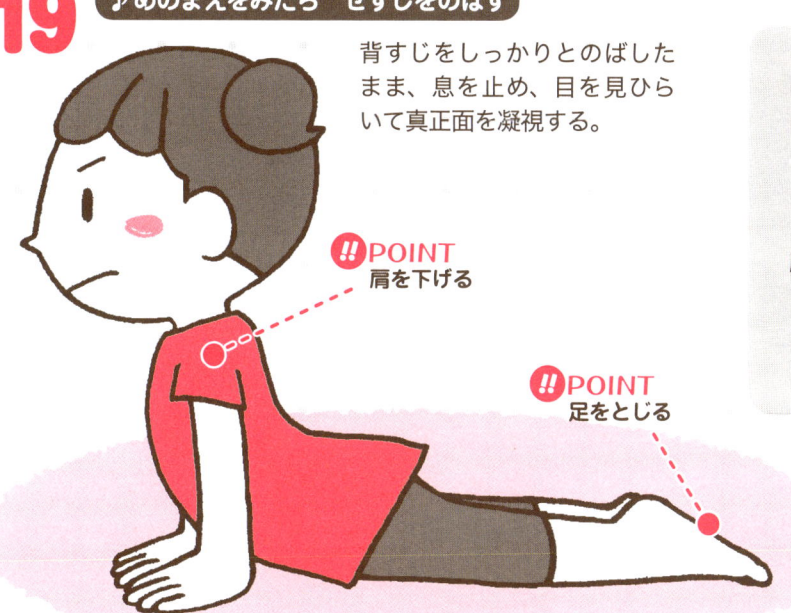

20
♪ラララララララ　ラララララララ

ポーズの最初に戻る。

21
＼しんこきゅう／

♪しんこきゅう　しんこきゅう　しんこきゅう　しんこきゅう

深呼吸をする。

22
♪あるこう　ちきゅうたんけんたい

元気よく腕を振りながら足踏みする。

23
♪つたをかきわけ

上からたれ下がっているツタをかき分けるように、左右の手を交互に動かす。

24
♪すすもう　ちきゅうたんけんたい

22と同じ。

25
♪かぜのサバンナ

両手を上げ、体を左右に動かす。

33

ライオンだ！ ライオンのポーズ！

ライオンのポーズ
▶ 背骨に力がこもり、集中力が増す

子どもたちに人気のポーズです。この形をとるだけでも背骨に力がこもりますが、目をカッと見ひらき、舌を出すことにより、さらに刺激が強くなります。口を大きくひらくのがコツです。背面の血行がよくなるので、遊んだ後は、全身があつくなるのを感じるでしょう。

26 ♪つまさき たてて
つま先を立てて座る。

27 ♪てのひら ひざに せすじをのばして
手のひらをひざにあてて、手の指を床につけ、背すじをのばす。

28 ♪したをだす
目を見ひらいて正面を凝視し、思いきり舌を出す。

!! POINT 背すじをのばす
!! POINT 手のひらをひざにあて、指をしっかりひらいて指先を床につける
!! POINT つま先を立てる

29 ♪ラララララララ ラララララララ
ポーズの最初に戻る。

\ もう1回！ /

30 ♪つまさき たてて
30〜32では、26〜28をくり返す。

31 ♪てのひら ひざに せすじをのばして

32 ♪したをだす

33 ♪ラララララララ ラララララララ
ポーズの最初に戻る。

【第三部】 こわいどうぶつ編

34 ♪しんこきゅう

♪しんこきゅう　しんこきゅう
　しんこきゅう　しんこきゅう

深呼吸をする。

36 ♪あしたはなにがあるだろう　あしたはなにがまっている
　　あらたな　たんけんゆめみてる

あおむけに寝て、だらりと全身の力をぬく。
目を軽くとじて何も考えず、気持ちのよい楽な呼吸をする。

くつろぎのポーズ

!! POINT 目をとじて口を軽くあける

!! POINT わきは、こぶし1個分くらいあける

!! POINT 手のひらを上向きに

!! POINT 足は肩幅にひらく

35 ふわあ、眠くなってきた

眠たそうに目をこすりながらあくびをして座り込む。

さあ起きよう、次の探検、はじまるよ！

37 ♪ラララ
右を向いてポーズを決め、ピタっと止まる。

38 ♪ラララ
左を向いてポーズを決め、ピタっと止まる。

39 ♪ちきゅうたんけんたい
それぞれ自由に好きな決めポーズをする（双眼鏡をかまえるふりをする、遠くを指さすなど）。

1 ちきゅうたんけんたい
2 ほぐし＊法シリーズ
3 アートが基本メソッドで遊ぶ

【第四部】
地球の夜明け編

わきと背骨をのばして脳への血流をよくする、2つのポーズで遊びます。少し難しいポーズですが、かっこよさが魅力です。ポイントは、わきをのばして、重心を落とすこと。背骨の力がついてきます。

1 ♪あるこう　ちきゅうたんけんたい
元気よく腕を振りながら足踏みする。

2 ♪ほしをたよりに
北極星を指さすイメージで、斜め上を指さす。

3 ♪すすもう　ちきゅうたんけんたい
1と同じ。

4 ♪よるのだいちを
前に腕をのばし、手のひらを下にして両手の親指をつけ、水平に腕をひらく。

＼ 月が光っているよ。月に向かって 英雄のポーズ ！ ／

5
♪あしをひらいて

足を左右にひらく（幅は身長の２／３くらいが理想的）。

6
♪あしさき よこに

左足の先を真横に向け、右足の先を斜め左に向ける。

7
♪てをあげ

腕を床と平行になるまで上げ、手のひらを上向きにして、息をはきながら腕を真上に上げる。

8
♪ぐるりとしずみこむ

そのまま上体を左に向け、左ひざが左足の真上にくるようにしてしゃがむ。

※なるべく上体を垂直にのばす。

!! POINT ひじをのばす

!! POINT ひざが足の真上にくるように

!! POINT ひざの後ろをのばす

!! POINT 足の裏がうかないように

英雄のポーズA
▶わきをのばして、背すじをのばす①

体が上下にのばされる、気持ちのよいポーズです。慣れないうちは、足の角度が正確にできなくても大丈夫。大切なのは、わきをのばして前方を見ることです。首すじがのびて、両腕がまっすぐにのびていれば、それだけでも脳への血流がよくなり、心が落ち着きます。

9
♪ラララララララ ラララララララ

7→6→5の順でポーズの最初に戻る。

＼ 反対をするよ ／

10
10〜13では、5〜8を反対向きで行う。

♪あしをひらいて

11
♪あしさき よこに

12
♪てをあげ

13
♪ぐるりとしずみこむ

14
♪ラララララララ
　ラララララララ

12→11→10の順で
ポーズの最初に戻る。

＼ しんこきゅう ／

15
♪しんこきゅう　しんこきゅう
　しんこきゅう　しんこきゅう

深呼吸をする。

16
♪あれはなんだろう　あれはなんだろう
　ひかるひとすじの　ちへいせん

左右を指さす。

【第四部】地球の夜明け編

\ 朝日がのぼるよ。太陽に向かって （英雄のポーズ）！ /

17
♪あしをひらいて

足を左右にひらく（幅は身長の2／3くらいが理想的）。

18
♪あしさき よこに

左足の先を真横に向け、右足の先を斜め左に向ける。

19
♪ひろげた てのさき

腕を床と平行になるまで上げる（手のひらは下向きに）。体はそのままで、顔だけ左を向く。

20
♪みつめてしずむ

左手の先の方向を見つめながら、左ひざが左足の真上にくるようにしてしゃがむ。

※なるべく上体を垂直にのばす。

!! POINT ひざの後ろをのばす

!! POINT 足の裏がうかないように

!! POINT ひざが足の真上にくるように

英雄のポーズＢ
▶わきをのばして、背すじをのばす②

　両腕を水平にのばし、背骨を垂直にのばしながら、のばした指先の方を見つめる、とてもきれいなポーズです。足の形がうまくできなくても、首すじをのばして背骨を垂直にのばすことを、気持ちよいなあと感じられれば、このポーズは大成功です。頭もすっきりします。

21
♪ラララララララ ラララララララ

19→18→17の順でポーズの最初に戻る。

1 ちきゅうたんけんたい

2 ほぐし技法シリーズ

3 アーレヨガ基本メソッドで遊ぶ

39

\ 反対をするよ /

22
♪あしをひらいて

23
♪あしさき よこに

24
♪ひろげた てのさき

25
♪みつめてしずむ

22～25では、**17～20**を反対向きで行う。

26
♪ラララララララ ラララララララ

24→23→22の順でポーズの最初に戻る。

27 \ しんこきゅう /
♪しんこきゅう しんこきゅう
　しんこきゅう しんこきゅう

深呼吸をする。

29
♪あしたはなにがあるだろう あしたはなにがまっている
　あらたな たんけんゆめみてる

あおむけに寝て、だらりと全身の力をぬく。
目を軽くとじて何も考えず、気持ちのよい楽な呼吸をする。

くつろぎのポーズ

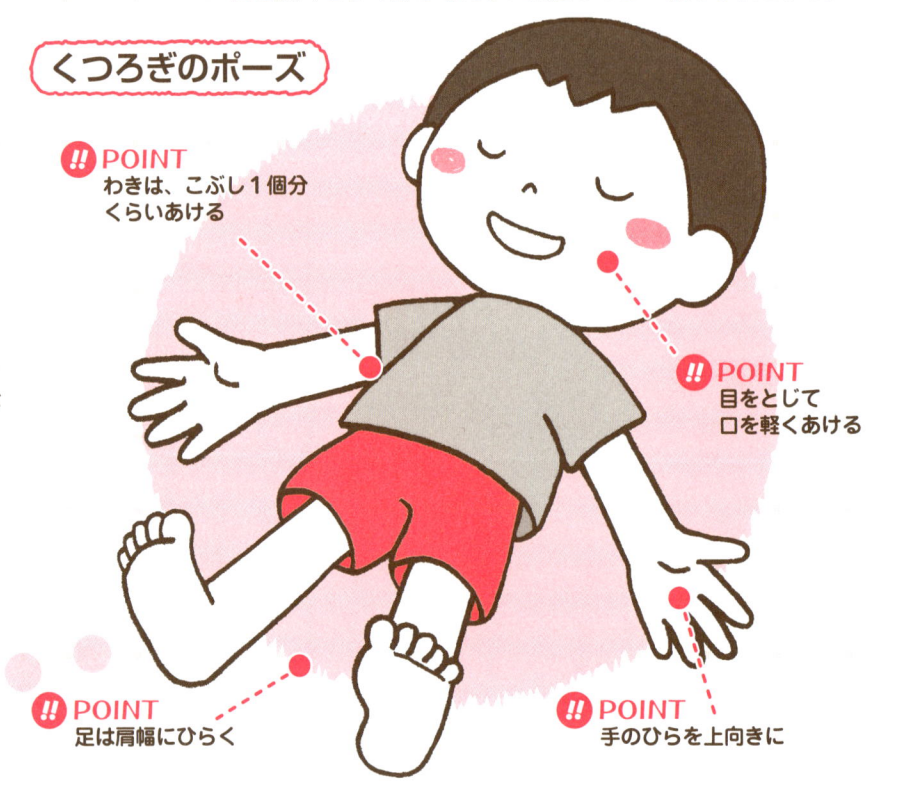

!! POINT
わきは、こぶし1個分
くらいあける

!! POINT
目をとじて
口を軽くあける

!! POINT
足は肩幅にひらく

!! POINT
手のひらを上向きに

ふわあ、眠く
なってきた

28
眠たそうに目をこすりなが
らあくびをして座り込む。

【第四部】地球の夜明け編

さあ起きよう、次の探検、はじまるよ！

30 ♪ラララ
右を向いてポーズを決め、ピタっと止まる。

31 ♪ラララ
左を向いてポーズを決め、ピタっと止まる。

32 ♪ちきゅうたんけんたい
それぞれ自由に好きな決めポーズをする（双眼鏡をかまえるふりをする、遠くを指さすなど）。

背骨の力が高まるとストレスに強い心が育つ

■ テーマは、背骨の力

「ちきゅうたんけんたい」に登場するさまざまなポーズは、たくさんあるヨガのポーズの中から、「背骨の力をつける」ことをテーマに選んだものです。

背骨に力がこもると、気力が充実し、意志力や集中力が増すといわれています。ストレスに強い心は、背骨の力とともに育ちます。楽しく遊びながら、背骨の力をつけましょう。

また、ポーズをすることは交感神経を刺激するので、ポーズの後は必ず、副交感神経を刺激する「くつろぎのポーズ」で休みます。それをくり返すことにより、自律神経のはたらきがよくなります。

■ まねっこ遊びとして楽しく

子どもにとっては、楽しくできるということが何より大切です。楽しいときや、笑っているときは、呼吸が楽になり、体がやわらぎます。

ポーズを正確にさせようとして、厳しく注意したり、「できない」気持ちを強めさせたり、無理をさせたりすることは、厳禁です。子どもの心と体をこわばらせるだけです。

ヨガのポーズであっても、あくまでもあそびとして行いましょう。気持ちのよい範囲で、できても、できなくても、楽しい。そんな雰囲気の中で遊んでください。

■ 他のほぐしあそびもあわせて活用

「ちきゅうたんけんたい」に出てくるヨガのポーズの前に「ふーふーストロー」（P86）で遊ぶと、楽に息がはけるようになり、ポーズが、とてもやりやすくなります。

さらに「手回しオルゴール」（P92）で足首をほぐすと、バランスのポーズや、英雄のポーズ、関節刺激のポーズなどが、やりやすくなります。風邪をひきにくくする「第二部 やさしいどうぶつ編」の前には、「にんトレ六の巻／上体そらし」（P64）を行うとよいでしょう。

また、「みっしょのミッション／七化けの術」（P68）は、足腰を鍛える遊びですが、あわせて遊ぶと、さらに背骨の力が高まります。

41

ちきゅうたんけんたい

1 ▶ 第一部　森の入り口・鳥編
2 ▶ 第二部　やさしいどうぶつ編
3 ▶ 第三部　こわいどうぶつ編
4 ▶ 第四部　地球の夜明け編

作詞：小澤るしや・小澤直子
作曲：新沢としひこ

この曲は、P42の **A**-1 から P48の **F** まで、合間にセリフをはさみながら進んでいきます。楽譜内にある **1〜4** の数字は、第一部〜第四部を表しています。遊ぶパートによって、演奏する部分を選んでお使いください。

A-1

♩=120

1〜4 あるこうー　ー　ちきゅうたんけんたいー

1 くさを
2 かぜを
3 つたを
4 ほしを

ー　かきわけー
ー　たよりにー
ー　かきわけー
ー　たよりにー

すすもうー　ー　ちきゅうたん

けんたい
ジャングルのおくー　ー
かきざめたもりへー　ー
よわるわくだちをー　ー
の

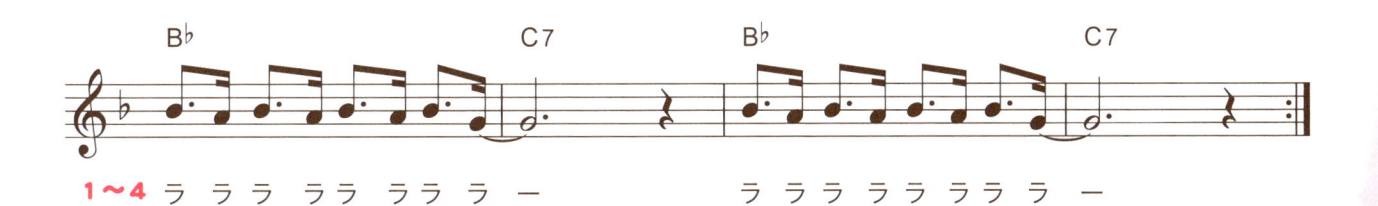

セリフ

1 ▶ 「木がたくさん！ 立ち木のポーズ！」　(2回目)「反対をするよ」

2 ▶ 「魚がいるよ！　魚のポーズ！」　(2回目)「もう1回！」

3 ▶ 「木の上にヒョウがいる！　ヒョウのポーズ！」　(2回目)「反対をするよ」

4 ▶ 「月が光っているよ。月に向かって 英雄のポーズ！」　(2回目)「反対をするよ」

B-1

♩=132
(**4**のみ ♩=112)

B♭　　　　　　　　　　　　　　　　　F

1 りょうて あわせてー　　かたあし あげてー
2 おやゆび なかにー　　こぶしを つくりー
3 りょうひざ ついてー　　りょうても つけてー
4 あしを ひらいてー　　あしさき よこにー

B♭　　　　　　　　　　　　　　　　　C7

そら たか く のびる どこまでもー
かかと つきだして むねもち あげるー
かた ひざ ひきつけ しっぽを あげるー
て を あげ ぐるりと しずみこむー

B♭　　　　　C7　　　　B♭　　　　C7

1〜4 ラララ ララ ララ ラー　　ラララ ララ ララ ラー

セリフ 1〜4 ▶「しんこきゅう」

C

♩=132

1〜4 しん こ きゅう　しん こ きゅう　しん こ きゅう　しん こ きゅう

D

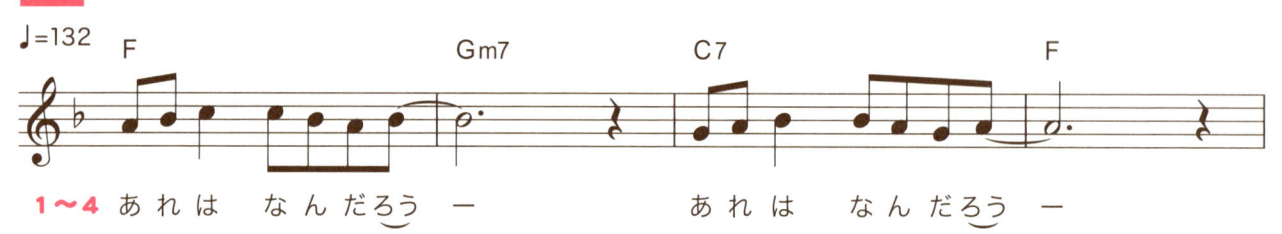

♩=132

1〜4 あれは なんだろう ー　あれは なんだろう ー

1 きれいな とりが おで ー むかえ
2 くさから くさへ はね ー るむし
3 ぶきみな おとが し の ー びよる
4 ひかる ひとすじの ちへいせん

セリフ

1 ▶ 「クジャクだ！　クジャクのポーズ！」　（2回目）「反対をするよ」

2 ▶ 「バッタだ！　バッタのポーズ！」　（2回目）「もう1回！」

3 ▶ 「ヘビの王様だ！　キングコブラのポーズ！」　（2回目）「そのまま！ えものはどこだ？」

4 ▶ 「朝日がのぼるよ。太陽に向かって 英雄のポーズ！」　（2回目）「反対をするよ」

B-2

♩=132
（4のみ ♩=112）

1　しゃがんで　てをつきー　（2回目）｛みぎあし／ひだりあし｝　のばしー
2　うつぶせに　なってー　　てあしを　のばしー
3　うつぶせに　なってー　　りょうひじ　たててー
（2回目）みぎに　いないかー　ひだりは　どうだー
4　あしを　ひらいてー　　あしさき　よこにー

てのひら　あわせて　のびあがるー　「はねをひらこう」
むねを　もちあげて　そらを　とぶー
｛りょうあしを　つけて　せすじを　のばすー／めのまえを　みたら　せすじを　のばすー｝
ひろげた　てのさき　みつめて　しずむー

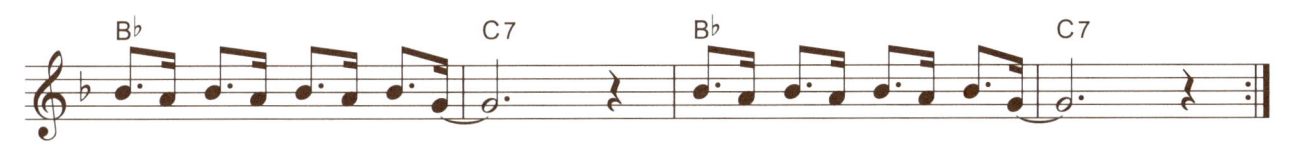

1　シャラシャラシャラシャラー　シャラシャラシャラシャラー
2〜4　ラララララララー　ラララララララー

---

1 ちきゅうたんけんたい

セリフ 　　**1～4** ▶ 「しんこきゅう」

C

♩=132

| F | B♭ | C7 | F | Dm | Gm7 | C7 | F |

1～4 しん こ きゅう　しん こ きゅう　しん こ きゅう　しん こ きゅう

➡ **4**（第四部 地球の夜明け編）のみ **E** ▶P48 へ続く

A -2

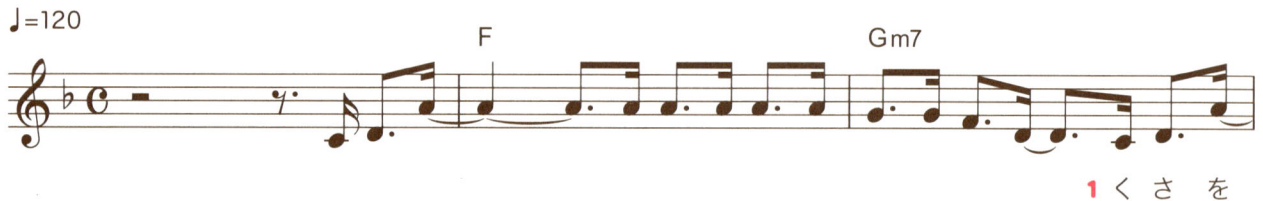

♩=120

| F | Gm7 |

1～3 あるこう ー ー ちきゅうたん けんたい ー　　**1** くさ を
　　　　　　　　　　　　　　　　　　　　　　　　　　　2 かぜ を
　　　　　　　　　　　　　　　　　　　　　　　　　　　3 つた を

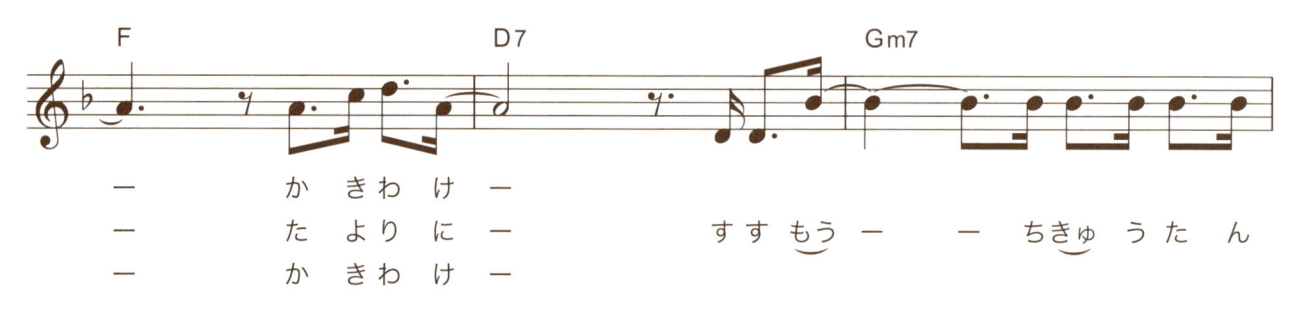

| F | D7 | Gm7 |

ー か き わけ ー
ー た より に ー　　　　すすもう ー ー ちきゅうたん
ー か き わけ ー

| C7 | F |

い のち の み ずべ ー ー
けんたい さばく の おか へ ー ー
かぜ の サバ ン ナ ー ー

46

セリフ

1 ▶ 「フラミンゴのむれだ！ フラミンゴのポーズ！」　2回目 「反対をするよ」

2 ▶ 「ラクダがいるよ！ ラクダのポーズ！」　2回目 「もう1回！」

3 ▶ 「ライオンだ！ ライオンのポーズ！」　2回目 「もう1回！」

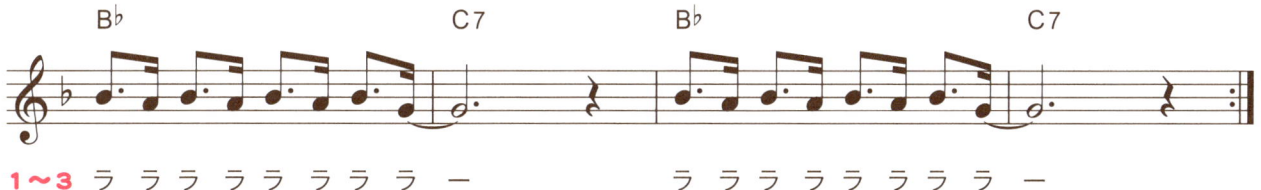

B-3

1 そらゆび さして－ あしつかんだら－
2 りょうひざ ついて－ おしりにてをあて－
3 つまさき たてて－ てのひら ひざに－

めのまえを さして ぴたっととまる－
うしろに そらせて あしうら さわる－
せすじを のばして したをだす－

1〜3 ラ ラ ラ ラ ラ ラ ラ ラ －　ラ ラ ラ ラ ラ ラ ラ ラ －

セリフ　1〜3 ▶ 「しんこきゅう」

C

1〜3 しん こ きゅう　しん こ きゅう　しん こ きゅう　しん こ きゅう

セリフ 1〜4 ▶ 「ふわあ、眠くなってきた」

E

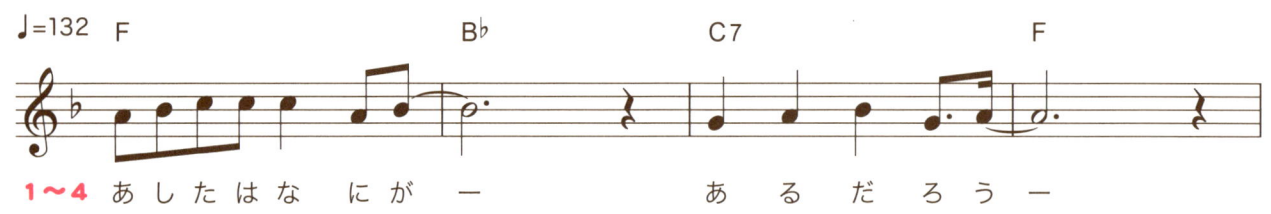

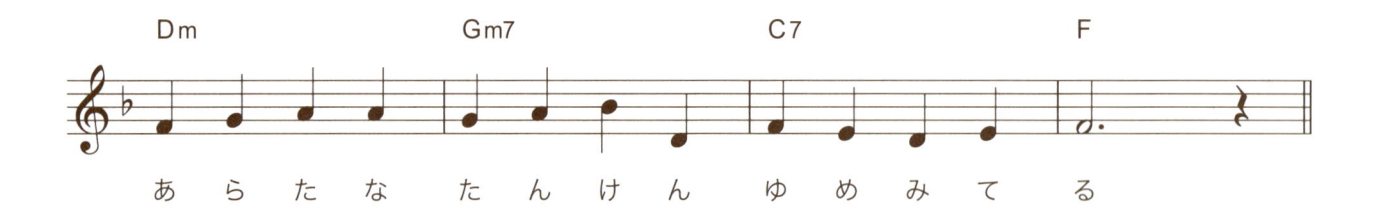

♩=132

1〜4 あしたは なにが — あるだろう —

あしたは なにが — まっている

あらたな たんけん ゆめみてる

セリフ 1〜4 ▶ 「さあ起きよう、次の探検、はじまるよ！」

F

♩=132

1〜4 ラララ — ラララ — ちきゅう — たんけんたい —

© ASK MUSIC Co.,Ltd.

ほぐしあそびを保育にいかす①

ふだんの保育で遊ぶ

小澤るしや／アートヨガ・ムーヴ副主宰

最初はポーズ１つずつで遊ぶ

　チャプター１「ちきゅうたんけんたい」やチャプター２「みっしょのミッション／七化けの術」など、１曲の中に複数のポーズが出てくるものは、最初はばらばらにして遊んでみましょう。「ちきゅうたんけんたい」であれば、２～３ポーズずつ収められていますが、３つ続けて行わなければいけないということは全くありません。１つずつ、子どもたちのできることに寄り添いながら遊んでみてください。

最初にイメージをふくらませる

　遊ぶときにぜひ活用してほしいのが、子どもたちのイメージの力です。「ちきゅうたんけんたい」のキングコブラのポーズ（P33）を例にとってみましょう。
　このポーズは、動き自体がおもしろいので、動きだけでも、十分に楽しんでもらえます。けれど、キングコブラの絵や写真を見せてイメージしてもらうと、子どもたちの動きは段違いによくなります。というのも、このポーズは、実際のキングコブラが威嚇するときの姿勢とそっくりだからです。そして何よりおすすめしたいのは、キングコブラがどんな動物か、話をすることです。
　まずは「ヘビって知ってる？」と聞いてみましょう。知らない子もいるし、知っている子は、くねくねと動いてヘビのまねをします。しかし、キングコブラは毒ヘビで、そんな生易しいヘビではありません。毒ヘビは、カエルやウサギ、シカの子どもなどを威嚇して射すくめ、隙をついてひと噛みしたら、相手が動けなくなるまで待ち、あごを左右上下にひろげて、少しずつ丸のみにしていきます。キングコブラは、そんな毒ヘビの中でも、全長585センチの記録を持つ世界最大の毒ヘビで、ひと噛みしたときの毒は、象１頭分、人間20人分の致死量です。威嚇するとき、かま首を垂直にもたげたときの高さは約１メートルです。しかも、その威嚇の姿勢のまま移動できるのは、世界広しといえど、キングコブラだけなのです。
　そんな話をしてから、「そのキングコブラになってみようか」と切り出すと、それまで息をのんで話を聞いていた子どもたちは、やる気満々で臨みます。
　最初は歌なしで、動きだけを教えましょう。そうして遊んだ後に、「すごいね、みんなヘビになるのが上手だね。これならみんな、ジャングルに行っても大丈夫かもね。それじゃあ、今からジャングルに行ってみようか！」などと声をかけ、「♪あるこう～」と歌いはじめると、子どもたちは俄然盛り上がります。

"いかに楽しめるか"を大切にする

　１歳～５歳まで、たくさんの子どもたちにほぐしあそびを教えてきましたが、こうした手順が一番、子どもたちに無理がないようです。もちろん、その日の子どもの反応によって、話をしないときもあります。けれど、話を聞いてイメージをふくらませた子どもは、そうでない子どもよりも、ずっと上手に背すじをのばします。「もっと背すじをのばして」などとこちらが注意する必要もないくらいです。何より、ヘビのことを大好きになっているので、何週間後かのクラスでまたヘビが出てきたときに、とても喜びます。
　楽しんでいるときの子どもの体は、その子ども本来のやわらかさが最大限活きる状態です。そのため、何よりも、子どもたちがいかに楽しめるかを大切にして指導をしてほしいと思います。

Chapter 2
ほぐし忍法シリーズ

忍者になりきって、アートヨガの柔軟法で遊びましょう。
関節と背骨をやわらげる柔軟法です。次の3つを必ず守りましょう。
「絶対に無理をしないこと！ 楽な範囲で行うこと！ 息をはきながら行うこと！」

【シリーズ1】にんじゃのにんトレじゃ！

にんトレ一の巻 ▶P54 がっせき

にんトレ二の巻 ▶P56 開脚

Chapter 2 ほぐし忍法シリーズ

解説

「忍者」に変身して、柔軟な体を得るためのアートヨガ秘伝の術、「ほぐし忍法」で遊びます。

かつて実在したといわれる本物の忍者たちは、体を極限まで鍛えて、危険な使命(ミッション)に身を投じた戦士たちでした。

しかし、これから子どもたちが変身する、ほぐし忍法の忍者は、戦いません。過酷な修行も危険な使命もありません。「体をやわらげ、

にんトレ五の巻 ▶P62 背面のばし

にんトレ六の巻 ▶P64 上体そらし

にんトレ三の巻
▶P58　歩き・ジャンプ

にんトレ四の巻
▶P60　背骨ねじり

鍛え、丈夫な体をつくる」のみです。かっこいい忍者になって、ほぐし忍法で楽しく遊んでください。

まずは、ほぐし忍法トレーニング「にんトレ」で、体をやわらげましょう。股関節をやわらげ、足の内股をのばします。ひざと、足首、腰椎三番などのはたらきをよくして、背骨をやわらげ、強化します。次に、「みっしょのミッション」で、足腰を鍛えます。

アートヨガは、脳と体の柔軟性を得るための操法であり、「ほぐし忍法」では、その操法をやさしく取り入れました。子どもたちが成長していく過程で、必要かつ大切な動きばかりです。

今回、子どもたちが挑むミッションは「楽しく遊んで、柔軟な体を得る」です！

無理せず、楽な範囲で、息をはきながら行いましょう！

【シリーズ2】みっしょのミッション

どとんの術
▶P66　呼吸

七化（ななば）けの術
▶P68　足腰強化法

シリーズ1 にんじゃのにんトレじゃ！

にんトレ 一の巻 がっせき

にんトレ 一の巻、がっせき。無理せずやるべし！

1 腕を体の前で交差させ、こぶしを握る。「べし！」でこぶしを下におろす。

（気合いのポーズ）

2 ♪にんにんにんにん　にんじゃ
にんにんにんじゃ　にんトレじゃ

人さし指を立てた忍者のポーズでリズムにのる。

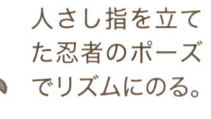

（忍者のポーズ）

4 ♪かたあしあげて
にんトレじゃ
おへそのいちで
にんにんにん

両手で片足を持ち、息をはきながら、へそのあたりまで上げる。

5 ♪むねのいちで
にんにんにん

息をはきながら、片足を4の位置から胸のあたりまで上げる。

7 ♪ぎゃくあしあげて　にんトレじゃ
おへそのいちで　にんにんにん
むねのいちで　にんにんにん
あごのいちで　にんにんにん

4〜6を逆の足で行う。

無理せずやるべし！

何事も無理は禁物です。無理は無駄につながります。
楽な範囲で行いましょう。

3

♪りょうあしパタパタ　にんトレじゃ
　ゆっくりゆっくり　にんにんにん
　むりせずむりせず　にんにんにん
　ほぐしてほぐして　にんにんにん

座って足の裏を合わせる。息をはきながら、ひざを上げ下げする。

6

♪あごのいちで
　にんにんにん

息をはきながら、片足を5の位置からあごのあたりまで上げる。

8

立ち上がり、人さし指を立てて腕を上にのばすと同時に、腰の位置でもう片方のこぶしを握り、決めポーズをする。

決めポーズ

にんトレ〜〜〜
コンプリートじゃ！

がっせき
▶ 股関節をやわらげる

　足の裏を合わせて座った形を、「がっせき」と呼びます。この形で、ひざや足首、太もも、ふくらはぎを刺激すると、下半身の血流がよくなります。無理せず、息をはきながら楽しく遊べば、股関節をバランスよくやわらげることができるでしょう。
　股関節周辺のやわらかさは、ホルモンのはたらきとかかわってきます。この部位に左右差があると、女の子は、月経痛の原因になりやすいので、この時期からバランスよくやわらげておきましょう。
　すでに股関節がかたい子や、左右差がある子は、「手回しオルゴール」（P92）で足首をやわらげてから遊ぶと、とてもやりやすくなります。
　股関節刺激の応用編が、前作『ヨガであそぼう！』で子どもたちに人気の「のりものトランスフォーム！」です。ぜひ、あわせて遊んでみてください。

★シリーズ1 にんじゃのにんトレじゃ！ にんトレ 二の巻 開脚

にんトレ 二の巻、開脚。
息をはきながら行うべし！

1 気合いのポーズ ▶P54

2 ♪にんにんにんにん にんじゃ
にんにんにんじゃ にんトレじゃ
忍者のポーズ ▶P54
でリズムにのる。

6 ♪わきをのばして にんにんにん
右足をつかんで左腕を上げ、ひじとわきをのばす。

7 ♪まえにのばして にんにんにん「ふー」
前に手をのばし、上体をたおす。「ふー」と息をはきながら戻る。

8 ♪ぎゃくあしひらいて にんトレじゃ
よこにたおして にんにんにん
ぎゃくにたおして にんにんにん
わきをのばして にんにんにん
まえにのばして にんにんにん「ふー」

3～7とは逆の左足をひらき、右足はひざを曲げ、同様に体をたおす。「ふー」と息をはきながら戻る。

12 ♪わきをのばして にんにんにん
右足をつかんで左腕を上げ、ひじとわきをのばす。

13 ♪ぎゃくをのばして にんにんにん
左足をつかんで右腕を上げ、ひじとわきをのばす。

14 ♪まえにのばして にんにんにん
前に手をのばし、上体をたおす。

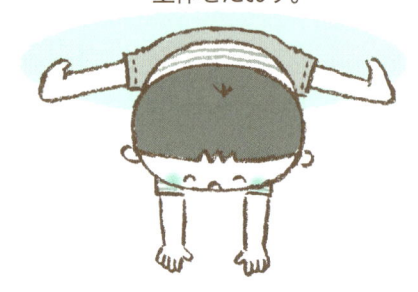

息をはきながら行うべし！

息をはきながら体を動かすと、体がやわらぎます。

3 ♪かたあしひらいて にんトレじゃ

右足をひらき、左足はひざを曲げる。

POINT アキレス腱をのばす

POINT ひざの後ろをのばす

※以下、のばした足はひざの後ろとアキレス腱をのばす。

4 ♪よこにたおして にんにんにん

曲げた足のほうに手をのばし、上体をたおす。「にんにんにん」のリズムに合わせて息をはきながら、気持ちよく腰をのばす。

※以下、すべて同様に「にんにんにん」のリズム合わせて息をはきながら、気持ちよく体をのばす。

5 ♪ぎゃくにたおして にんにんにん

のばした足のほうに手をのばし、上体をたおす。

9 ♪りょうあしひらいて にんトレじゃ

両足をひらく。

10 ♪よこにたおして にんにんにん

右足のほうに手をのばし、上体をたおす。

11 ♪ぎゃくにたおして にんにんにん

左足のほうに手をのばし、上体をたおす。

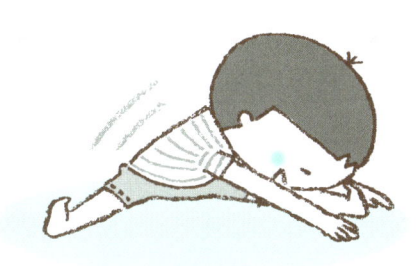

にんトレ〜〜〜
コンプリートじゃ！

15
（決めポーズ）
▶ P55

開脚
▶ 足の内股をやわらげる

　足の内股は、泌尿器・生殖器系に関係している大切なところです。この部位の刺激は、泌尿器系のはたらきをよくしますので、左右バランスよくやわらげましょう。ただし、内股は、かたくなりやすいところですから、絶対に無理をしないことが重要です。

シリーズ1 にんじゃのにんトレじゃ！

にんトレ 三の巻　歩き・ジャンプ

にんトレ 三の巻、しのびジャンプ。静かにやるべし！

1 気合いのポーズ ▶P54

2 ♪にんにんにんにん　にんじゃ
にんにんにんじゃ　にんトレじゃ
忍者のポーズ ▶P54 でリズムにのる。

＼次は、しのびジャンプ！／

4 ♪あしおとたてぬぞ　にんにんにーん
しずかにしずかに　にんにんにーん
ひざをつかって　にんにんにーん
あしくびやわらげ　にんにんにーん

音をたてずに、ふわりとジャンプする。

ふっ

!! POINT
息をはきながらジャンプする

!! POINT
腰を落とす

!! POINT
ひざをやわらかくつかい、深くかがんで着地する

静かにやるべし！

静かに息をはきながら行うと、心が落ち着き、集中力が増します。

\ まずは歩くぞ！ /

3
♪あしおとたてぬぞ　にんにんにん
　しずかにしずかに　にんにんにん
　ひざをつかって　にんにんにん
　あしくびやわらげ　にんにんにん

忍者になりきって、足音をたてずに、息をはきながらそろりそろりと歩く。

\ にんトレ〜〜〜 /
\ コンプリートじゃ！ /

5 決めポーズ
▶P55

歩き・ジャンプ
▶ひざのやわらかい使い方を学ぶ

　ひざと足首をやわらげるあそびです。足音をたてないように、静かに息をはきながら歩くことで、やわらかな動きができるようになります。

　一歩、一歩、歩くごとに、息をふ〜っ、ふ〜っ、とはきましょう。心が落ち着いてきます。

　次は、息を少し長めに、ふ——っとはきながら、着地音をたてないように、大きくジャンプします。そのときに、「ふわ〜り、ふわ〜り」と、声をかけてあげましょう。

　ジャンプするうちに、ひざと足首の弾力が自然についてきます。ひざがやわらかく使えるようになると、重心が下がり、首や肩の緊張もとれてきます。

　「手回しオルゴール」（P92）で足首をやわらげてから遊ぶと、とてもやりやすくなります。

シリーズ1 にんじゃのにんトレじゃ！

にんトレ 四の巻　背骨ねじり

1 気合いのポーズ ▶P54

にんトレ 四の巻、
背骨ねじり。
腹をしめて行うべし！

4 足をのばし、腰幅にひらいて座る。

足をなげだして、にんトレじゃ。
少し足をひらくぞ。
さあ、かかとをのばして
後ろに向かってぐるりとねじろう

8

＼かかとをのばして／
♪のびのびーの！

＼ひざうらのばして／
♪のびのびーの！

＼おなかをしめて／
♪のびのびーの！

＼反対側に／
♪のびのびーの！

＼反対側に／
♪のびのびーの！

＼反対側に／
♪のびのびーの！

4〜7をくり返す。

腹をしめて行うべし！

おなかをしめると、肩の力がぬけるので、体がやわらかくなります。

2 ♪にんにんにんにん　にんじゃ
　　にんにんにんじゃ　にんトレじゃ

忍者のポーズ ▶P54
でリズムにのる。

3 ♪せぼねぐるりと　ねじりんりん

足を腰幅にひらいて立つ。左右に上半身をねじって、後ろを見る。

5 ♪のびのびーの！

息をはきながら、後ろを振り返って両手をつき、体を気持ちよくのばす。

!! POINT
アキレス腱をのばす

反対側に

6 4に戻る。

7 ♪のびのびーの！

息をはきながら、反対側に振り返って両手をつき、体を気持ちよくのばす。

!! POINT
アキレス腱をのばす

にんトレ〜〜〜
コンプリートじゃ！

9 決めポーズ ▶P55

背骨ねじり
▶ねじって、背骨をやわらげる

　おへその真後ろの背骨を、腰椎三番といいます。この骨を中心に背骨をねじると、背骨全体がやわらぎ、全身の血流がよくなります。
　おなかをしめて行いましょう。ひざの裏をのばし、かかとを突きだして行えば、骨盤がととのい、足の長さもそろってきます。

★シリーズ1 にんじゃのにんトレじゃ！

にんトレ 五の巻　背面のばし

にんトレ 五の巻、
背面のばし。
気持ちよくやるべし！

1 気合いのポーズ ▶P54

2 ♪にんにんにんにん にんじゃ
にんにんにんじゃ にんトレじゃ
忍者のポーズ ▶P54
でリズムにのる。

背中を上から下まで
トントンするよ。
トントントントントントントン。
トントントントントントントン。
背中をうんとのばそう

5 両手のこぶしを背中に回す。手の甲側で背骨の脇を上から下までトントンたたくのを、2回くり返す。

6 ♪のびのびーの！
「のびのびーの！」で、息をはきながら手を前にのばし、気持ちのよい範囲で前屈する。

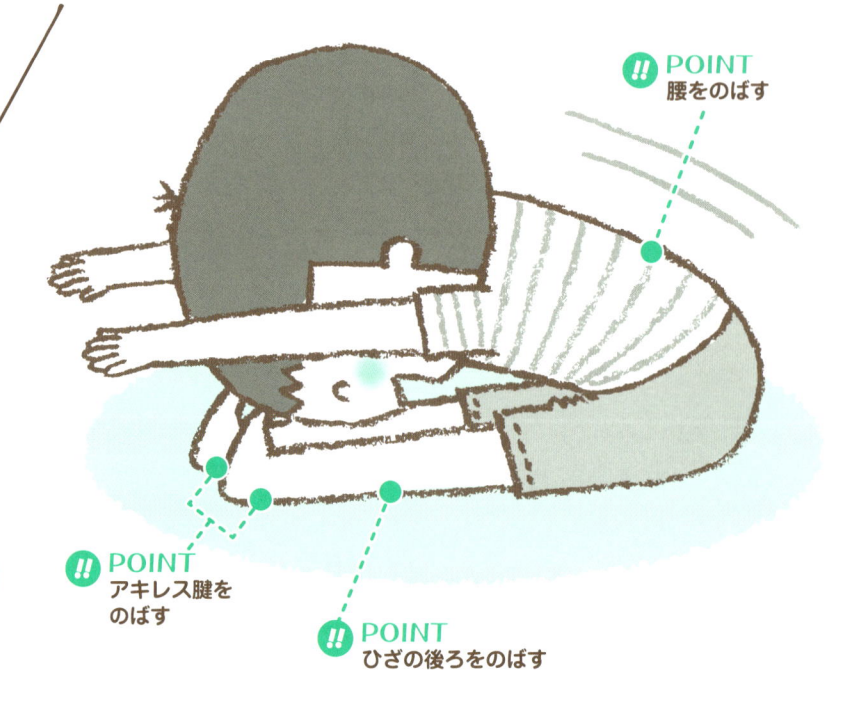

!! POINT 腰をのばす
!! POINT アキレス腱をのばす
!! POINT ひざの後ろをのばす

気持ちよくやるべし！
何事も、気持ちよくやらなければ、どんな効果も望めません。

3 ♪ハイハイハイメンのばし
足を腰幅にひらいて立つ。息をはきながら、リズムに合わせて両手を床にのばす。

4 足をなげだして、にんトレじゃ。足をとじるぞ
足をのばして座り、両足をとじる。

7 4、6をくり返す。

かかとつきだして	ひざうらのばして	おなかをしめて
♪のびのびーの！	♪のびのびーの！	♪のびのびーの！

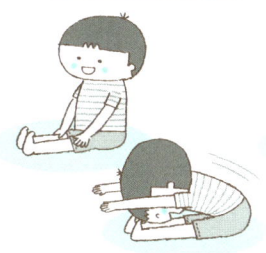

8 決めポーズ ▶P55
にんトレ〜〜〜コンプリートじゃ！

背面のばし
▶腰をやわらげ、背面をのばす

大人も子どもも苦手なポーズです。猫背姿勢の子は、すでに腰がかたくなっています。息をはきながら、背中をトントントンとたたくと、腰がやわらぎます。
たとえ体が前にのびなくても、ひざ裏とかかとをしっかりのばして行えば、全身の血流がよくなって、免疫力もアップします。アキレス腱をのばすことが大切。前作『ヨガであそぼう！』の「ひっぱりっこ」は、この「にんトレ」の応用編です。

2 ほぐし忍法シリーズ

シリーズ1 にんじゃのにんトレじゃ！

にんトレ 六の巻　上体そらし

にんトレ 六の巻、上体そらし。肩の力をぬいて行うべし！

1 気合いのポーズ ▶P54

2 ♪にんにんにんにんにんじゃ にんにんにんじゃ にんトレじゃ
忍者のポーズ ▶P54 でリズムにのる。 

3 ♪ムササビのようにそらとぶぞ 
両手を握って腕を上げ、ムササビが空を飛ぶイメージで、左右に胸を突きだす。

片ひざ曲げて舞い上がれ

7 上半身は4と同じ。片足を曲げて、足の裏をもう片方の太ももにつける。

8 ♪ムササビーノ！
足を曲げたまま、息をはきながら、まっすぐひじを立て、体をそらす。 

9 7、8をくり返す。
\ムササビのように/ ♪ムササビーノ！
\おなかをしめて/ ♪ムササビーノ！
\肩の力をぬいて/ ♪ムササビーノ！

両ひざ曲げて舞い上がれ

13 上半身は4と同じ。両ひざを曲げて、足の裏をつける。

14 ♪ムササビーノ！
足の裏をつけたまま、息をはきながら、まっすぐひじを立て、体をそらす。 

15 13、14をくり返す。
\ムササビのように/ ♪ムササビーノ！
\おなかをしめて/ ♪ムササビーノ！
\肩の力をぬいて/ ♪ムササビーノ！

肩の力をぬいて行うべし！

肩の力をぬくには、まず、肩を下げるとよいです。

4 うつぶせになって、にんトレじゃ。さあ、うつぶせになったかな？両ひじを立てよう。体をそらせて、舞い上がれ

足を軽くひらいてうつぶせになる。胸のよこに手をついてひじを立てる。

!! POINT ひじをしめる

※ 7、10、13でも同様にひじをしめる。

5 ♪ムササビーノ！

息をはきながら、まっすぐひじを立て、体をそらす。

!! POINT 肩を下げる
!! POINT おなかをしめる

※ 8、11、14でも同様に肩を下げ、おなかをしめる。

6 4、5をくり返す。

＼ムササビのように／
♪ムササビーノ！

＼おなかをしめて／
♪ムササビーノ！

＼肩の力をぬいて／
♪ムササビーノ！

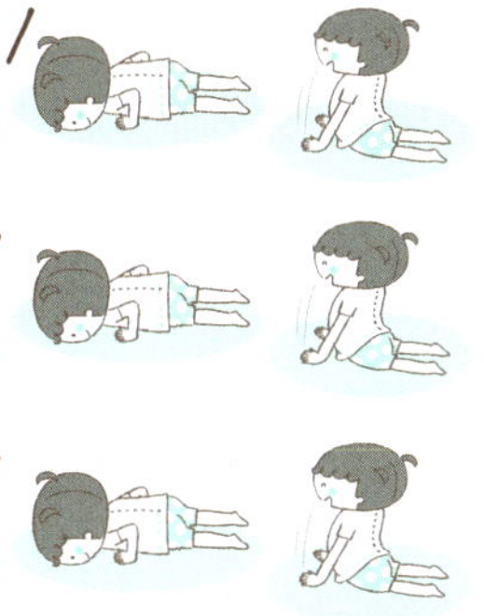

10 反対曲げて舞い上がれ

7とは逆の足を曲げる。

11 ♪ムササビーノ！
8と同じ。

12 10、11をくり返す。

＼ムササビのように／
♪ムササビーノ！

＼おなかをしめて／
♪ムササビーノ！

＼肩の力をぬいて／
♪ムササビーノ！

16 4に戻り、足は軽くひらいてのばす。息をはき、休む。

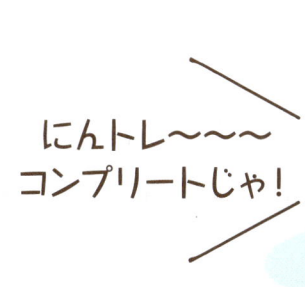

にんトレ〜〜〜コンプリートじゃ！

17 決めポーズ
▶ P55

上体そらし
▶ 上体をそらせて、背骨を強くする

背骨の力を強めて、呼吸器系のはたらきを高めます。体がやわらかい子は、上体をそらせるとき、肩の中に首をうずめるようにしてグニャリとそらせがちです。そんなときは、「肩を下げるよ」と声をかけましょう。肩を下げて背骨をそらせれば、体のひきしめ効果も。

2 ほぐし忍法シリーズ

シリーズ2 みっしょのミッション どとんの術 呼吸

1 ♪にんにんにん　にんじゃ　みっしょのミッション
　　にんにんにん　にんじゃ　みっしょのミッション

さっそうと走るように、その場で腕を前後に振る。

4 ♪にんにんにんじゃ みっしょのミッション

忍者のポーズ ▶P54
でリズムにのる。

5 ♪つちにもぐって　にんにんにん

あおむけに寝ころび、肩幅に足をひらく。

7 ♪にんにんにん にんにんにん

4と同じ。

8 ♪これがうわさの

両手のこぶしを握り、胸の前でぐるぐる回す。

9 ♪ほぐしにんぽう

片手でチョキ（指はとじる）をつくり、逆の手でつかむ。

息のはき方を獲得せよ！

上手に息がはけると、心と体はリラックスしてきます。

2 ♪ほぐしにんぽうを
おみまいだ

手のひらを重ね、斜め前にしゅりけんをとばすまねをする。

3 ♪せんにゅうそうさは
おてのもの

逆方向にしゅりけんをとばすまねをする。

呼吸
▶ 息をはくことに慣れる

息のはき方を練習します。息を「はーっ」とはくと、のどが緊張しますが、「ふーっ」と静かにはくと、心と体の緊張がほどけます。上手に息がはけると心身がリラックスするので、体がとても動きやすくなります。呼吸あそび「ふーふーストロー」（P86）もあわせて遊びましょう。

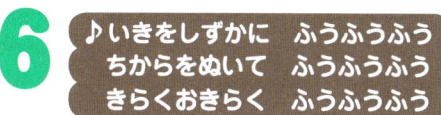

6 ♪いきをしずかに　ふうふうふう
　ちからをぬいて　ふうふうふう
　きらくおきらく　ふうふうふう

筒を作るようにして両手を重ね、口につける。筒に息をふきこむように息をはく。

10 ♪どとんのじゅつじゃ

チョキを前にのばし、逆の手はグーにして後ろに引く。「じゃー」のところでリズムに合わせ、体全体を軽く上下に動かす。

＼ミッション〜〜〜／

11 グーの手を反対側の足のひざ近くに振りおろす。同時にチョキの手をグーにして後ろに引き上げる。

＼コンプリートじゃ！／

12 後ろに引き上げた手を上にのばしながら人さし指で天をさす。同時に逆の手を腰に引きつけ、決めポーズをする。

シリーズ2 みっしょのミッション　七化(ななば)けの術　足腰強化法

1
♪にんにんにん　にんじゃ　みっしょのミッション
　にんにんにん　にんじゃ　みっしょのミッション

さっそうと走るように、その場で腕を前後に振る。

5
♪おおきなライオン
　ししまるへんげ

手と足を床につけ、腰を高く上げる。

6
♪はしるぞはしるぞ　ししまるへんげ
　つよいぞつよいぞ　ししまるへんげ
　ガオガオガオガオ　ししまるへんげ

腰を高く上げたまま、息を強くはきながら走り回る。「ガオガオ〜」からは、スピードを上げ、ダダダーッと走る。

7
♪にんにんにん　にんにんにん
　にんにんにん　にんにんにん
　ななばけミッション
　へんしんミッション

深呼吸をする。
「ななばけ〜」から 忍者のポーズ でリズムにのる。

11
♪おおきなハサミだ
　おおがにへんげ

手でハサミをつくって、しゃがむ。

12
♪ドスコイドスコイ　おおがにへんげ
　つよいぞつよいぞ　おおがにへんげ
　チョキチョキチョキチョキ　おおがにへんげ

息をはきながら、横歩きする。リズムに合わせて左右を行ったりきたりする。「チョキチョキ〜」からスピードを上げる。

足腰を鍛えて、強い体を獲得せよ！

背骨と腰の力がついて、脳と腸のはたらきがよくなります。

2 ♪ほぐしにんぽうを おみまいだ

手のひらを重ね、斜め前にしゅりけんをとばすまねをする。

3 ♪おれのへんしん みせてやれ

逆方向にしゅりけんをとばすまねをする。

4 ♪にんにんにんじゃ みっしょのミッション

忍者のポーズ ▶P54
でリズムにのる。

8 ♪おおきなカマキリ とうろうへんげ

腰を落として立つ。「とう」で右ひじと右手首を曲げ、上から下ろす。「ろう」で左手も同じようして、カマキリの前足に見立てる。

9 ♪こわいぞこわいぞ　とうろうへんげ
つよいぞつよいぞ　とうろうへんげ
シャカシャカシャカシャカ　とうろうへんげ

腕を交互に動かしながら走り回る。「シャカシャカ～」からは、スピードを上げる。

10 ♪にんにんにん　にんにんにん
にんにんにん　にんにんにん
ななばけミッション
へんしんミッション

7と同じ。

13 ♪おおきなからだを　ゆらして

カニのポーズのまま、上半身を左右にゆらす。

14 ♪なまけものへんげ

あおむけになり、足と手を垂直に上げる。体の力をぬいて、真横を向く。

15 ♪よこにパター　ぎゃくにパター

体の力をぬいたまま、歌詞に合わせて左右に体をたおす。

16 ♪ひらいてパター

体を大の字にひらき、だらりと全身の力をぬく。軽く目をとじて、楽な呼吸をしながら休む。

17 ♪にんにんにん　にんにんにん
にんにんにん　にんにんにん
ななばけミッション
へんしんミッション

立ち上がり、忍者のポーズ でリズムにのる。

18 ♪おおきなカエルだ　おおがまへんげ

深くしゃがんで、両ひざの間に両手をつく。

22 ♪のしのしあるくぞ　おおざるへんげ
つよいぞつよいぞ　おおざるへんげ
ドスドスドスドス　おおざるへんげ

腕をゆっくり左右に振りながら、サルになりきってのっしのっしと歩き回る。「ドスドス〜」からは、両手のこぶしで胸をたたきながら、スピードを上げて歩き回る。

23 ♪にんにんにん　にんにんにん
にんにんにん　にんにんにん
ななばけミッション
へんしんミッション

7と同じ。

24 ♪おおきなしゅりけん　しゅりけんへんげ

胸の前で腕を重ね、「しゅりけん」と「へんげ」で交互に腕をひろげる。

28 ♪これがうわさの

両手のこぶしを握り、胸の前でぐるぐる回す。

29 ♪ほぐしにんぽう

片手でチョキ（指は閉じる）をつくり、逆の手でつかむ。

30 ♪ななばけの　じゅつじゃ

チョキを前にのばし、逆の手はグーにして後ろに引く。「じゃー」のところでリズムに合わせ、体全体を軽く上下に動かす。

19
♪ジャンプがとくいだ　おおがまへんげ
つよいぞつよいぞ　おおがまへんげ
ゲコゲコゲコゲコ　おおがまへんげ

カエルになりきって、ひざをのばしてピョーンと真上にとぶ。リズムに合わせてくり返す。「ゲコゲコ〜」からは、とびながら移動する。

20
♪にんにんにん　にんにんにん
にんにんにん　にんにんにん
ななばけミッション
へんしんミッション

7と同じ。

21
♪おおきなおサルだ　おおざるへんげ

腰を落としてひざを曲げる。背骨はまっすぐのばし、肩の力をぬいて手をぶらりと下げる。

25
♪クルクルクルクル
しゅりけんへんげ
しゅりけんらんぶだ
しゅりけんへんげ

腕をひろげたまま、クルクルと回る。「しゅりけんらんぶだ」から反対回り。

26
♪シュッシュッシュッシュッ
しゅりけんへんげ

手のひらを重ね、左右にしゅりけんをとばすまねをする。

27
♪にんにんにん
にんにんにん

忍者のポーズ
でリズムにのる。

足腰強化法
▶足腰を強くする

　ライオン走り、カマキリ歩き、カニ歩き、カエルとび、おおざる歩き。いずれも、足腰を強くするあそびです。遊んでいるうちに、股関節、ひざ、足首のバランスがとれてきます。腸のはたらきが活発になり、便通もスムーズに。「手回しオルゴール」（P92）で、足首をやわらげると、いずれのあそびもやりやすくなります。
　七化けの術は、呼吸が強く、足腰を鍛えるものが多いので、交感神経のはたらきが活発になります。そんな中、ゆっくりした呼吸と動作の「なまけもの」のまねっこは、とても大切です。ゆっくりした呼吸で、ゆったりと遊びながら、副交感神経のはたらきを高めます。
　夢中になって、人や物にぶつからないように気をつけてください。

＼ミッション〜〜〜／

31 グーの手を反対側の足のひざ近くに振りおろす。同時にチョキの手をグーにして後ろに引き上げる。

＼コンプリートじゃ！／

32 後ろに引き上げた手を上にのばしながら人さし指で天をさす。同時に逆の手を腰に引きつけ、決めポーズをする。

ほぐし忍法シリーズ

作詞：新生璃人・小澤直子　作曲：新沢としひこ

にんじゃのにんトレじゃ！　にんトレ 一の巻 がっせき

セリフ　▶「にんトレ 一の巻、がっせき。無理せずやるべし！」

♩=138

にん にん にん にん　にん じゃ　にん にん にん じゃ　にん トレじゃ

りょうあしパタパタ　にん トレじゃ　　　ゆっくりゆっくり
かたあしあーげて　にん トレじゃ　　　おへそのいーちで
ぎゃくあしあーげて　にん トレじゃ　　　おへそのいーちで

にん にん にん　むりせずむりせず にん にん にん
にん にん にん　むーねのいーちで にん にん にん
にん にん にん　むーねのいーちで にん にん にん

ほぐしてほぐして にん にん にん
あーごのいーちで にん にん にん
あーごのいーちで にん にん にん

セリフ　▶「にんトレ〜〜〜
　　コンプリートじゃ！」

© ASK MUSIC Co.,Ltd.

にんじゃのにんトレじゃ！ にんトレ 二の巻 開脚

セリフ　「にんトレ 二の巻、開脚。息をはきながら行うべし！」

♩=138

にん にん にん にん　にん じゃ　にん にん にん じゃ にん トレ じゃ

♩=115

かたあしひらいて にん トレ じゃ　よこにたおして にん にん
ぎゃくあしひらいて にん トレ じゃ　よこにたおして にん にん
りょうあしひらいて にん トレ じゃ　よこにたおして にん にん

にん　ぎゃくにたおして にん にん にん　わきをのばして
にん　ぎゃくにたおして にん にん にん　わきをのばして
にん　ぎゃくにたおして にん にん にん　わきをのばして

にん にん にん　まえにのばして にん にん にん
にん にん にん　まえにのばして にん にん にん
にん にん にん　ぎゃくをのばして にん にん にん

1, 2.　｜　3.
「ふー」　まえにのばして にん にん にん

セリフ　「にんトレ〜〜〜 コンプリートじゃ！」

© ASK MUSIC Co.,Ltd.

にんじゃのにんトレじゃ！　にんトレ 三の巻 歩き・ジャンプ

セリフ ▶ 「にんトレ 三の巻、しのびジャンプ。静かにやるべし！」

♩=138

にん にん にん にん　にん じゃ　にん にん にん じゃ　にん トレ じゃ

セリフ ▶ 「まずは歩くぞ！」　**2回目**「次は、しのびジャンプ！」

♩=110

あしおと たてぬぞ　にん　にん　（2回目）｛にん／にーん｝　しずか

に しずかに　にん　にん　｛にん／にーん｝　ひざを つ かって　にん にん

｛にん／にーん｝　あしくび やわらげ　にん にん　｛にん／にーん｝

セリフ ▶ 「にんトレ〜〜〜 コンプリートじゃ！」

© ASK MUSIC Co.,Ltd.

にんじゃのにんトレじゃ！ にんトレ 四の巻 背骨ねじり

セリフ ▶ 「にんトレ 四の巻、背骨ねじり。腹をしめて行うべし！」

♩=138

| G | Am7 | D7 |

にん にん にん にん　にん　じゃ　　にん にん にん じゃ

| Am7　D7　G | D7 | G　D7　G |

にん　トレじゃ　　せ ぼ ね ー ぐ る り と　ね じ り ん り ん

セリフ ▶ 「足をなげだして、にんトレじゃ。少し足をひらくぞ。
さあ、かかとをのばして後ろに向かってぐるりとねじろう」

♩=100

| CMaj7 | C/D | Bm7 |

の び の び の ー　　　　「反対側に」の び の び の ー
　　び　　の ー　　　　「反対側に」の び の び の ー

| Em7 | CMaj7 | C/D |

ー「かかとをのばして」の び の び の ー　　　ー「反対側に」の び の
ー「おなかをしめて」　の び の び の ー　　　ー「反対側に」の び の

| Bm7 | 1. Em7 | 2. Em7 |

び　　の ー　　　「ひざうら のびの ー
　　　　　　　　　　　のばして」
び　　の ー

セリフ ▶ 「にんトレ〜〜〜 コンプリートじゃ！」

© ASK MUSIC Co.,Ltd.

にんじゃのにんトレじゃ！　にんトレ 五の巻 背面のばし

セリフ ▶ 「にんトレ 五の巻、背面のばし。気持ちよくやるべし！」

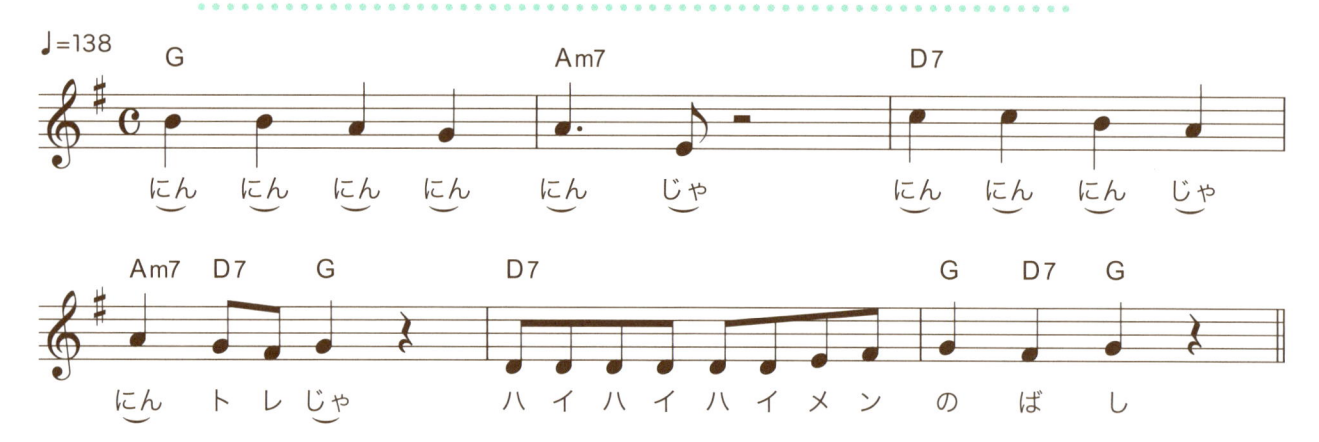

♩=138

に ん　に ん　に ん　に ん　に ん　じゃ　に ん　に ん　に ん　じゃ

に ん　ト レ じゃ　ハ イ ハ イ ハ イ メ ン　の　ば　し

セリフ
▶ 「足をなげだして、にんトレじゃ。足をとじるぞ。背中を上から下までトントンするよ。
トントントントントントントン。トントントントントントントン。
背中をうんとのばそう」

♩=95

の び の び の ー　ー　「かかとつきだして」の び の

び の ー　ー　「ひざうらのばして」の び の び の ー

ー　「おなかをしめて」の び の び の ー　ー

セリフ ▶ 「にんトレ〜〜〜 コンプリートじゃ！」

© ASK MUSIC Co.,Ltd.

にんじゃのにんトレじゃ！　にんトレ 六の巻 上体そらし

セリフ ▶ 「にんトレ 六の巻、上体そらし。肩のカをぬいて行うべし！」

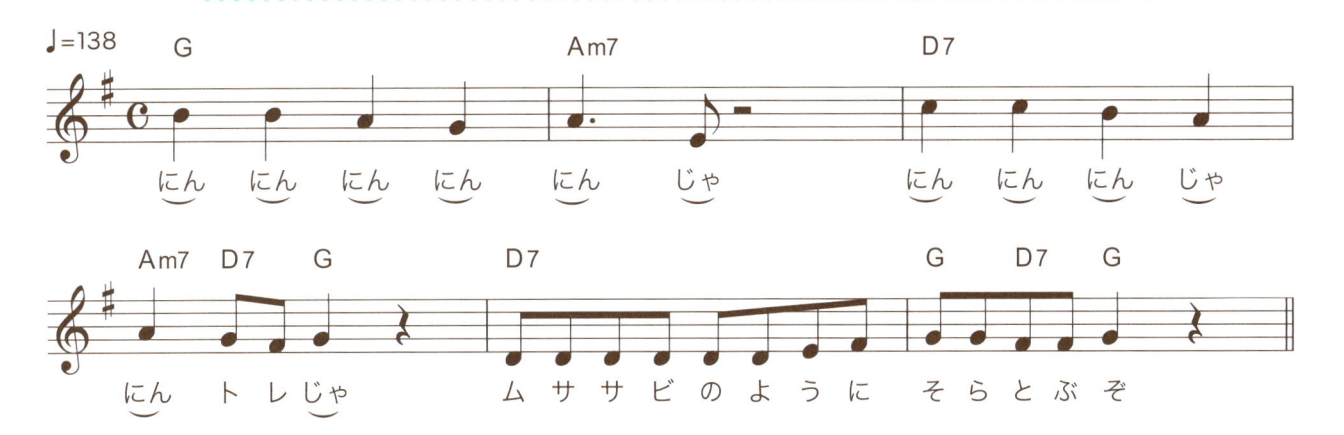

♩=138

にん にん にん にん にん じゃ　にん にん にん じゃ
にん ト レ じゃ　ムササビのように そらとぶぞ

セリフ ▶ 「うつぶせになって、にんトレじゃ。さあ、うつぶせになったかな？
両ひじを立てよう。体をそらせて、舞い上がれ」

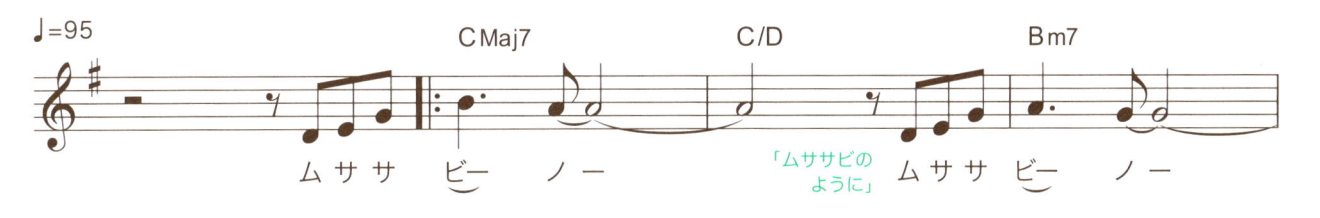

♩=95

ムササビー ノー　「ムササビのように」ムササビー ノー
ー「おなかをしめて」ムササビー ノー　ー「肩の力をぬいて」ムササ
ビー ノー

1, 2, 3.
「片ひざ曲げて舞い上がれ」
(2回目)「反対曲げて舞い上がれ」
(3回目)「両ひざ曲げて舞い上がれ」

4. ムササ

セリフ ▶ 「にんトレ〜〜〜 コンプリートじゃ！」

© ASK MUSIC Co.,Ltd.

みっしょのミッション　どとんの術 呼吸

にん にん にん にん にんじゃー　みっしょのミッション ー　にん にん にん
にん じゃー　みっしょのミッション ー　　　　ほぐし にんぽうを
おみまいだ　せんにゅうそうさは おてのもの　にん にん にんじゃ
みっしょのミッション ー 　ー　　つちにも ぐって にん にん にん
いきを しず かに ふう ふう ふう　ちからを ぬいて ふう ふう ふう
きらく おきらく ふう ふう ふう ー　にん にん にん にん にん にん
これが うわさの ー　ほぐし にんぽう　どとんの じゅつじゃー

セリフ ▶ 「ミッション〜〜〜 コンプリートじゃ！」

© ASK MUSIC Co.,Ltd.

みっしょのミッション　七化けの術 足腰強化法

♩=120

にんにんにん　にんじゃー　みっしょのミッション

にんにんにん　にんじゃー　みっしょのミッション

ほぐしにんぽうを　おみまいだ　おれのへんしん　みせてやれ

にんにん にんじゃ　みっしょのミッション

おおきなライオン　ししまるへんげ　はしるぞはしるぞ　ししまるへんげ
おおきなカマキリ　とうろうへんげ　こわいぞこわいぞ　とうろうへんげ
おおきなハサミだ　おおがにへんげ　ドスコイドスコイ　おおがにへんげ

つよいぞつよいぞ　ししまるへんげ　ガオガオガオガオ　ししまるへんげ
つよいぞつよいぞ　とうろうへんげ　シャカシャカシャカシャカ　とうろうへんげ
つよいぞつよいぞ　おおがにへんげ　チョキチョキチョキチョキ　おおがにへんげ

1, 2.
CMaj7
Bm7
E7
にん にん にん にん にん にん にん にん にん にん にん にん
Am7
Am7/D
G
ななばけミッションへんしんミッションー
♩=70
3.
G
Em7
おおきなからだをゆらしてー なまけものへんげ
CMaj9
Bm7
E7
よこにパター ぎゃくにパター
Am7
Am7/D
D7
ひらいてパター
♩=120
CMaj7
Bm7
E7
にん にん にん にん にん にん にん にん にん にん にん にん
Am7
C/D
G
ななばけミッションへんしんミッションー

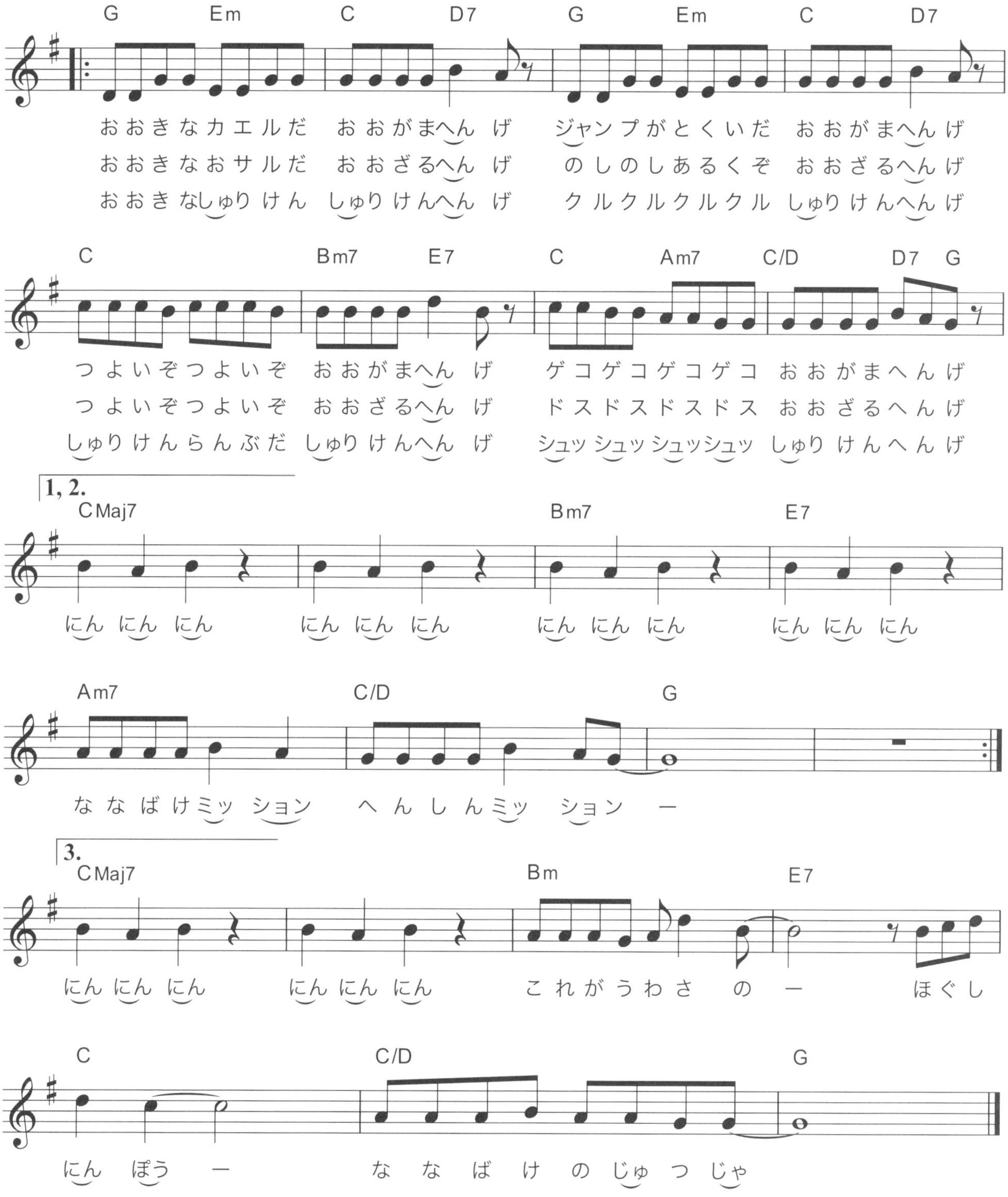

セリフ ▶「ミッション〜〜〜 コンプリートじゃ！」

ほぐしあそびを保育にいかす②

ほぐしあそびの対象年齢

小澤るしや／アートヨガ・ムーヴ副主宰

対象年齢のめやす

　この本に収められているほぐしあそびは、5歳を中心に、2歳から小学生まで、幅広い年齢層で楽しむことができます。

　もともと、「ちきゅうたんけんたい」のヨガのポーズ、「にんじゃのにんトレじゃ！」のアートヨガ柔軟法、「みっしょのミッション」のアートヨガ強化法、「えいじゃないか」などのアートヨガ基本メソッド、どれも大人向けのメソッドを子ども向けにアレンジしたものなので、動き自体に対象年齢の上限はありません。

　1歳児が楽しめるものもいくつかありますが、1歳の場合は、歌に合わせようとせず、動きだけを楽しみましょう。「みっしょのミッション／七化けの術」（P68）の中の、カエルがジャンプする動きは、できるかどうかはともかく、1歳児の心をくすぐります。「ちきゅうたんけんたい」のバッタのポーズ（P26）やヒョウのポーズ（P31）をしてみせると、まねっこをして楽しむ子も出てきます。

2歳児〜4歳児

　2歳になると、できる動きが急に増えます。この本に載っているほぐしあそびも、半数以上できます。

　2歳〜4歳は、月齢や育った環境による個人差が大きいので、対象年齢を明確に区分しにくい面があります。もともと、ほぐしあそびで一番大切なことは「無理をしない」「無理をさせない」こと。年齢は関係なく、目の前にいる子どもにとって、無理のない動きを示すことが大事なのです。なので、子どもが何歳であれ、「とりあえず試してみる」ことをおすすめします。各ポーズの解説には、アレンジの仕方も書いてありますので、参考にしてください。

5歳児

　ただし、あきらかに難易度が高いものもあります。「ちきゅうたんけんたい」のラクダのポーズ（P28）や英雄のポーズ（P37、P39）は、体を総合的に使うことが要求されるポーズです。そのため、4歳までは、まねをしようとしても、どうやったらよいのかよくわからない、という子が多いでしょう。5歳になると、動きを理解できるようになり、難しいけれどおもしろい、きっとできるはず、やってみたい、という気持ちがふくらむようです。体の心地よさとあいまって、できたときの達成感が非常に高いポーズです。

　「にんトレ四の巻／背骨ねじり」（P60）は、アキレス腱をのばして下腹部をしめないと形が完全に崩れてしまうので、5歳でも慣れないうちは難しいと思います。

　「もちもちおもちですか？」（P88）は、手への刺激であると同時に脳への刺激でもあるため、脳が発達途上にある子どもには難しい動きです。ですから、これも5歳くらいが妥当です。

子どもたちを喜ばせるコツ

　しかし、これらはあくまでも目安で、ほぐしあそびを教えるときは、年齢別ではなく個人別でとらえることが基本です。子どもの調子は日によっても違います。「目の前の子どもにとって、どこまでが無理なく気持ちのよい動きなのか。目の前の子どもが、楽しんでいるかどうか」と常に考えながら指導することが、ほぐしあそびの効果を最大限引き出すコツであり、子どもたちを喜ばせるコツでもあるのです。

Chapter 3

アートヨガ

基本メソッドで遊ぶ

体のバランスをとり、心身の緊張をほぐす、アートヨガ・基本メソッド。
もとは大人向けですが、子どもたちも楽しめるよう、あそびにしました。
大人も一緒にやってみましょう。

Chapter 3 基本メソッド(アートヨガ)で遊ぶ

アートヨガ・基本メソッドとは？

「アートヨガ・基本メソッド」は、体をほぐして脳への血流をよくする、アートヨガの代表的な操法です。40年前にヨガの指導を始めたころ、体のかたい人や、体に痛みや問題をかかえている人のために、補助的に行っていた操法が、その原型です。それに改良を重ね、1983年アートヨガ・ムーヴ設立と同時に、アートヨガ・基本メソッドとして確立しました。以来、時代にあわせて改良した部分もありますが、ほとんど変わっていません。

基本メソッドは、手、上半身、足、背骨の刺激で構成されており、1セット全部行うと20分位かかります。無理せず行えば、どんな人でも、体がやわらぎ、心身のバランスをとることができます。毎日続けると、全身の血流がよくなり、ひどい冷え症の人であっても、体温が上がります。体温が上がるということは、免疫力が高まるということです。

忘れられないのは、70代後半の音楽家のケースです。はじめて教室においでになったとき、体温は34度しかありませんでした。それが、一か月半で35.8度、半年後には36.5度になり、むくんで紫色だった足は、ひきしまったきれいな肌色の足に変わりました。高齢者で、この結果ですから、体がやわらかい子どもの低体温は、ほとんど解消します。

ほぐしあそびで遊んだ子どもたちも、学童期に入ったら、大人と一緒に、DVD（巻末の著者紹介参照）などを参考にして本格的な基本メソッドをぜひ経験してほしいと思います。

▲前作『ヨガであそぼう！』でも基本メソッドの中の7ポーズを紹介しています。

ふーふーストロー P86
呼吸の練習

もちもち おもちですか？ P88
手と肩をほぐす

解説

アートヨガ・基本メソッドの一部を、子どもたちのために、やさしくあそびにしました。

前作『ヨガであそぼう！』は、「アトピー性皮膚炎や慢性病をかかえた子どもたちに、アートヨガの基本メソッドをさせたい」、「音楽をつけて楽しいあそびにしてほしい」という保育者の強い要望から生まれました。

心身のバランスをとるあそびとして、前作で7ポーズ、今回は、新しく2ポーズに歌をつけました。

新作「えいじゃないか」は、姿勢をよくして肩こりをとります。幼い子どもの世話は、かがむことが多く、猫背になりがちです。保育にかかわる大人たちも、子どもたちと一緒に遊んで、胸をひらきましょう。

再録した「手回しオルゴール」の足首回しは、基本メソッドの中でも、重要な関節刺激です。足首は、他の関節、とりわけ首との関係が大きいので、日頃からしっかりほぐしてやわらげておきたいところです。

足首がやわらぐと、すべてのほぐしあそびがやりやすくなります。

えいじゃないか P90
上半身と肩をほぐす

手回しオルゴール P92
足首回し

基本メソッド 1
ふーふーストロー

呼吸の練習をあそびにしたものです。短いストローや、長いストローなど、いろいろなストローを作って遊んでみましょう。ストローの長さが、呼吸の長さをあらわしています。

呼吸の練習

1
♪ストローつくろう　ふー
　もいちどつくろう　ふー
　ストロー　ふー

「ふー」のところで、ストローに息をふきこむように、息を細くはく。呼吸に合わせて手を動かす。

!! **POINT**
手でストローをつまみストローをなぞるような動きをする

!! **POINT**
息をはくときはおなかをしっかりとへこませる

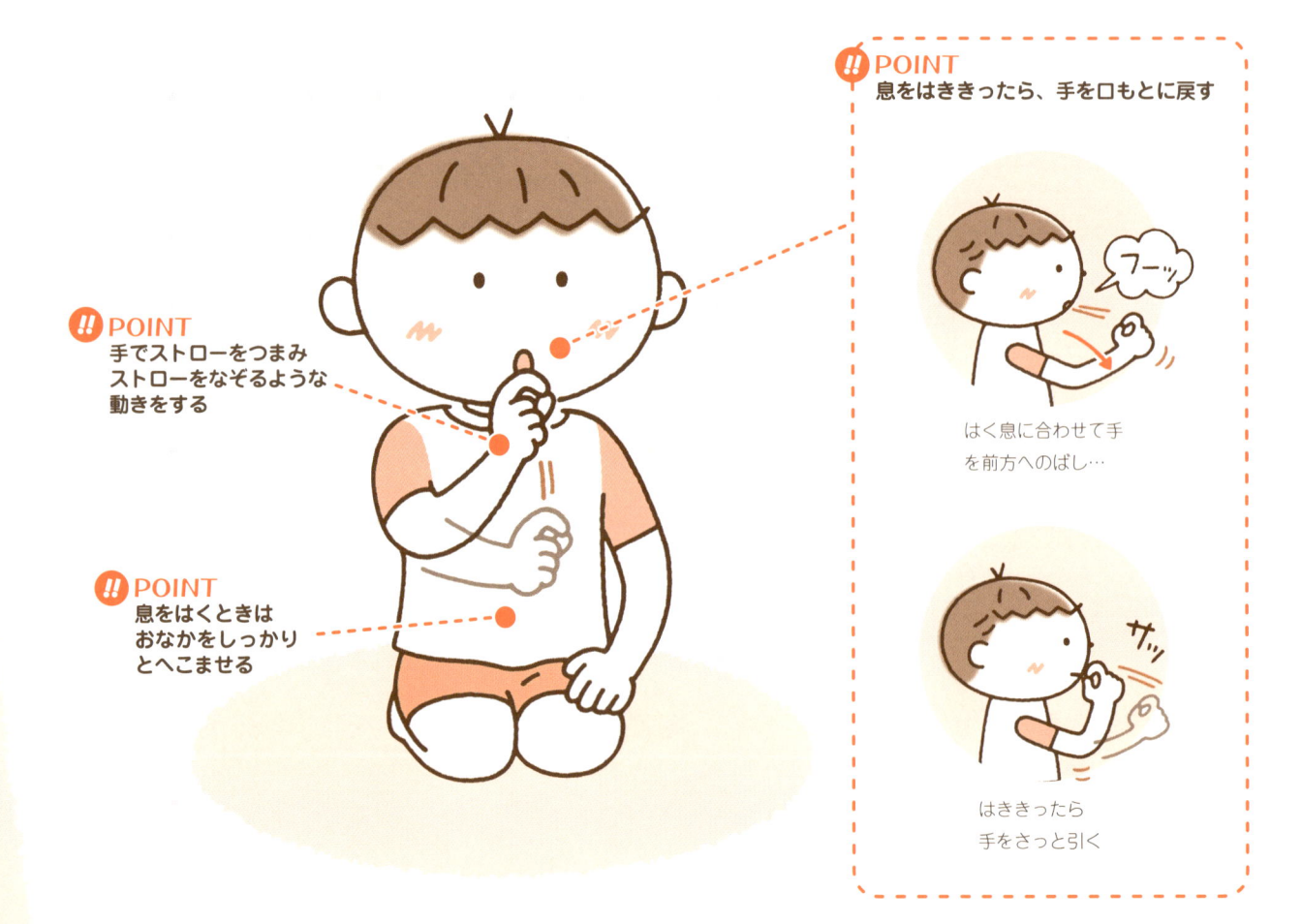

!! **POINT**
息をはききったら、手を口もとに戻す

はく息に合わせて手を前方へのばし…

はききったら手をさっと引く

ふーふーストロー

作詞：小澤るしや・小澤直子
作曲：新沢としひこ

軽快に ♩=128

スみとロージーかいっススートロローうーふっーふっー	もどもいいちちどっこまでもつどふっふっーふーくっふーーうっふーー
ふっふっーふーーースみかナがくーふーふっふーー	「次は短く」 「次は長く」

© ASK MUSIC Co.,Ltd.

＼ 次は短く ／

2 ♪みじかいストロー　ふっふっ
　　もいちど　ふっふっふっふっふっ
　　みじかく　ふっ

息を「ふっ」と短くはいて、
短いストローを作る。

＼ 次は長く ／

3 ♪ながーいストロー　ふー
　　どこまでも　ふ———
　　ながーく　ふ———

長い息をはく。最後の「ふ——」では、
息が続くだけ、長いストローを作る。

ふーふーストロー
▶呼吸をしやすくする

　前作『ヨガであそぼう！』からの再録です。子どもたちに人気のほぐしあそびです。
　昔から、「子どもの病気は笑わせれば治る」と言われてきました。笑うと、息をはき、血流がよくなって、免疫力がアップするからです。

　でも、緊張している子どもは、呼吸をつめてしまいやすく、なかなかうまく息がはけません。そんなとき、このストローあそびで遊ぶと、楽に息がはけるようになり、緊張がほぐれてきます。
　「ちきゅうたんけんたい」（P15～）のヨガのポーズや、「ほぐし忍法シリーズ」（P51～）で遊ぶ前に、この呼吸あそびを行うと、体が動かしやすくなります。呼吸が楽になるので、歌や楽器など、音楽をする前に遊ぶのもおすすめです。

基本メソッド2
もちもちおもちですか？

手の指を組みかえたり、腕をのばしたり、少し難しい動きです。肩やひじや手首がやわらいで、脳への血流がよくなります。手のひらを上向きにするのが難しいときは「ひじをつけるよ」と声をかけてください。

手と肩をほぐす

1 ♪おもちを
手の指を組み合わせる。

もちもちおもちですか？
▶手首をやわらげて、緊張をほぐす

手と脳とは密接に関係しています。脳への血流をよくするメソッドですが、まだ脳の発達途上にある幼児にとっては、こうした手の動きは、少し難しいところがあります。4歳までは、手のひらを上向きにする動きや、指をずらしての組みかえは省いて、腕をのばしたり、手を握ったり離したり、楽しんでできるところだけを、遊ぶとよいでしょう。

---

2 ♪のばして
息をはきながら、小指側を胸につけるようにして、手のひらを上に向け、ひじを近づける。

!! POINT　手のひらを上向きに
!! POINT　ひじをつけようとする

3 ♪のびーん
息をすいながら親指を下に向けて、手のひらを前方に突き出す。

!! POINT　ひじをのばす

4 ♪のびーん
ぺったん　ぺたーん　ぺったん　ぺたーん
ぺったん　ぺたーん　ぺったん　ぺたーん
「ふー」

2、3をくり返す。

5

♪おだんご　ぎゅっぎゅっぎゅう
　おだんご　ぎゅっぎゅっぎゅう
　おだんご　ぎゅっぎゅっぎゅう
　おだんご　ぎゅっぎゅっぎゅう

胸の前で手を組む。手をひらいて指をずらし、反対側の親指が上にくるように組みかえる。これをリズムに合わせて交互に行う。

!! POINT
下の二つの組み方を交互にくり返す

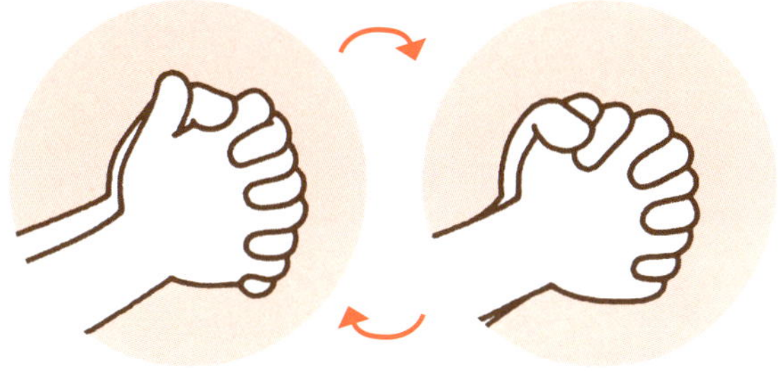

右手の親指が上　　左手の親指が上

6

♪てのひらあわせて
　いただきます

手を合わせて、おじぎをする。

もちもちおもちですか？

作詞：新生璃人・小澤直子
作曲：新沢としひこ

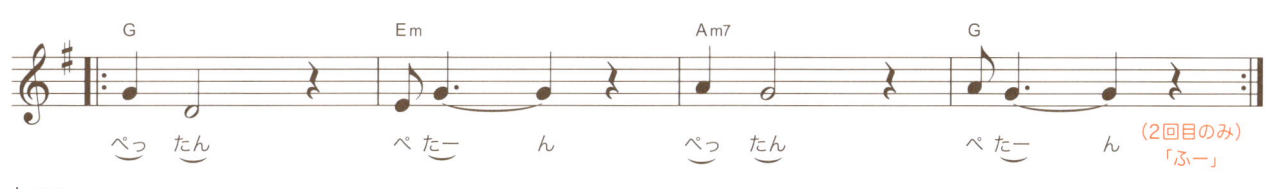

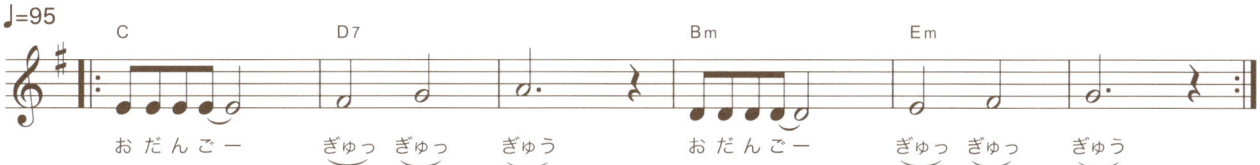

のんびり気持ちよく
♩=100

（2回目のみ）
「ふー」

♩=95

♩=100

© ASK MUSIC Co.,Ltd.

89

基本メソッド3
えいじゃないか

海や空をただようように、ゆったりした気分で、ひじをとじたりひらいたりします。息をふ〜っとはきながら、胸をひらいてあげると、いつもより気持ちも肩も楽になるでしょう。

上半身と肩をほぐす

1 ♪あおいうみ　ゆらゆらおよく
のんびりやさん
えいのえいたろう

頭の後ろで手を組む。歌に合わせて、ゆっくりひじをとじたり、ひらいたりをくり返す。

!! POINT 肩を下げる

2 ♪ゆったりゆったりで
えいじゃないか
ゆっくりゆっくりで
えいじゃないか

ひじをひらいた状態で、息をはきながらゆっくり上半身を左右にゆらす。

3 ♪あおいそら　ゆらゆらおよく
ゆめみるさかな　えいのえいたろう

1と同じ。

4 ♪ゆったりゆったりで　えいじゃないか
ゆっくりゆっくりで　えいじゃないか

2と同じ。

※肩こりのある大人は、2、4、7のときに腕をおろして休むと、無理なく肩がほぐれる。

5 ♪うみも そらも きのむくままに

ひじをひらいた状態で、息をはきながら上半身を左右にねじる。

6 ♪のんびり およくよ えいたろう

1と同じ。

7 ♪ゆったりゆったりで えいじゃないか
　　ゆっくりゆっくりで えいじゃないか

2と同じ。

えいじゃないか
▶胸をひらいて、呼吸を楽にする

肩の緊張をほぐすあそびです。胸をひらいて猫背姿勢の弊害をとり、呼吸器系のはたらきをよくします。ゆったりとした呼吸で、ゆっくりと動くと、心と体もリラックスしてきます。肩がこわばっている大人は、2、4、7のところで、いったん腕をおろして休むと、より楽に肩をほぐせます。

えいじゃないか

作詞：新生璃人・小澤直子
作曲：新沢としひこ

ゆったりと ♩=100

あおい うみ ゆらゆらおよぐ のんびり やさんえいの
あおい そら ゆらゆらおよぐ ゆめみる さかなえいの

えい たろう ゆったり ゆったりで えいじゃないか

ゆっくり ゆっくりで えいじゃないか　　Fine

うみも― そらも― きのむくまま

に のんびり およぐよ えい たろう　D.S.

© ASK MUSIC Co.,Ltd.

基本メソッド4
手回しオルゴール

足首回し

1回につき一呼吸の要領で、「ふ〜っ」と息をはきながら、足首を回しましょう。体が動かしやすくなるだけでなく、脳への血流もよくなります。足首は、日頃からしっかりほぐして、やわらげてあげましょう。

1
♪てまわしオルゴール
すきなうたをならしましょう
ふっふっふっふっふっふっふー

右手と左足の指を1本ずつからみあわせて手と足の握手をして、ゆっくり大きく足首を回す。1回、回すごとに、1回、息をはく。

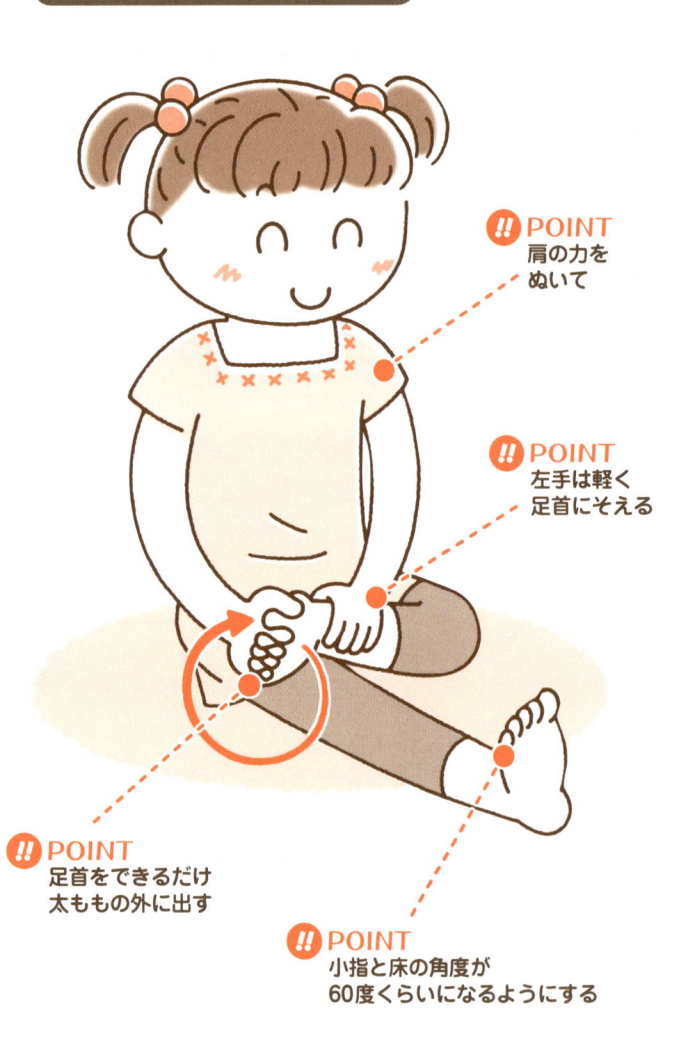

!! POINT 肩の力をぬいて
!! POINT 左手は軽く足首にそえる
!! POINT 足首をできるだけ太ももの外に出す
!! POINT 小指と床の角度が60度くらいになるようにする

\ 反対に回すよ〜 /

2
♪くるくるオルゴール
かぜのうたをならしましょう
ふっふっふっふっふっふっふー

右手と左足を組んだまま、反対回し。

\ 足をかえて〜 /

3
♪てまわしオルゴール
すきなうたをならしましょう
ふっふっふっふっふっふっふー

足をかえ、左手で右足首を回す。

\ 反対に回すよ〜 /

4
♪くるくるオルゴール
そらのうたをならしましょう
ふっふっふっふっふっふっふー

右足首を反対回し。

手回しオルゴール

作詞：小澤るしや・小澤直子
作曲：新沢としひこ

ゆっくりていねいに
♩=80

てまわしオルゴー ル　　すきなうたをならしましょう
てまわしオルゴー ル　　すきなうたをならしましょう

ふっ ふっ ふっ ふっ ふっ ふっ ふー　「反対に回すよ〜」
ふっ ふっ ふっ ふっ ふっ ふっ ふー　「反対に回すよ〜」

くるくるオルゴー ル　　かぜのうたをならしましょう
くるくるオルゴー ル　　そらのうたをならしましょう

ふっ ふっ ふっ ふっ ふっ ふっ ふー　「足をかえて〜」
ふっ ふっ ふっ ふっ ふっ ふっ ふー

© ASK MUSIC Co.,Ltd.

手回しオルゴール
▶ 足首をやわらげる

前作『ヨガであそぼう！』からの再録です。

「手回しオルゴール」で遊ぶと、ほとんどすべてのほぐしあそびがやりやすくなります。ゆっくりとした呼吸と動きによって、心も落ち着いてきます。

足首は、体の各関節に関係しており、ここがかたくなると、全身がこわばりやすくなります。とりわけ、アキレス腱がかたいと、首のつけ根周辺もかたくなり、首から脳への血行が悪くなります。

ストレスを受けやすい子、緊張しやすい子、鼻がつまりやすい子、風邪をひきやすい子、足の長さに左右差がある子、ころびやすい子の足首は、かたくなりやすいものです。

足首をやわらげると体全体がやわらぎ、全身の血流がよくなるので、上記にあげたような症状が減ります。

風邪の季節は特に、「魚のポーズ」（P25）などとあわせて遊ぶと、感染症のリスクがぐっと減ります。

また、子どもが風邪で熱を出したときは、大人が足首を回してあげましょう。熱による体のこわばりがとれて、とても楽になります。そのまま熱が下がって、症状がよくなることもあります。ただし、重要なのは、熱を出している子ども本人にとって、ちょうどよい刺激になることです。大人の力は、子どもにとって強すぎることがままあるので、必ず子どもの表情を見ながら、気持ちがよいかどうかを確かめつつ、回してあげてください。

手と足の指をからめるのが難しいときは、そのまま足先をつかんで回しても大丈夫です。そんなときは、前作『ヨガであそぼう』で紹介した「手と足の握手」や「グッパとコウサ」もあわせて遊びましょう。足の指がしっかりひらき、手と足の指をからめやすくなります。足の指がひらけるようになると、さらに足首がやわらぎ、背骨を支える力もついてきます。

ほぐしあそびを保育にいかす③

発表会で披露する

小澤るしや／アートヨガ・ムーヴ副主宰

子どもたちの得意なあそびを選ぶ

　ふだんはばらばらに遊ぶことができ、それらのあそびをつなげれば、発表会にも使えるのが、この本の利点です。ふだんのあそびの中で、その子どもたちの得意なポーズ、難しいポーズがわかってきますので、その中から、特に楽しめるものを選んで発表会に使ってください。

　ただし、チャプター1「ちきゅうたんけんたい」に関しては、低年齢になればなるほど、1曲の中に得意なものと不得意なものが混ざっていることがあります。そんなときは、たとえば「第1部から立ち木、第2部からバッタ、第3部からライオン」というように、得意なポーズをミックスしてつなげる方法をおすすめします。本書と同名のCD（別売）でも、ポーズごとにトラックが分かれていますので、ぜひ利用してください。第4部の英雄のポーズ（P37、P39）に関しては、AとB、セットで行うのが望ましいです。

　いずれにしても、ポーズ解説をヒントに、子どもたちそれぞれにとって、ちょうどよく工夫した形で遊ぶことが大切です。いつも通りの姿を、保護者に見せてあげてほしいと思います。

衣装や舞台装置について

　衣装や舞台装置は、子どもたちの動きを邪魔しないことが何よりも大切です。

　衣装として、探検隊の帽子やネクタイ、忍者のずきんなど、そういう工夫もしたくなるかもしれませんが、ほぐしあそびをすると全身の血流がよくなるので、帽子などをかぶっていると非常に暑くなってきます。シンプルで動きやすい服装、足ははだしがよいでしょう。もちろん、楽しい衣装があってもかまいません。

　どうしても、子どもたちをその気にさせる何らかのアイテムがほしいときは、舞台美術で凝るのがおすすめです。「ちきゅうたんけんたい」ならジャングルやサバンナの絵、チャプター2「ほぐし忍法シリーズ」なら城や月などの絵を子どもたちと一緒に描いて、それを背景に使ったり、場面ごとに照明の色を変えたりすると、より作品世界に入りこめます。CDに収録されている曲は、イメージがふくらみやすく作ってあるので、それを活用するのもよいでしょう。

発表会当日

　ほぐしあそびは、そもそも緊張をほぐす動きなので、緊張しやすい子でも発表会を楽しむことができます。とはいえ、発表会にはふだんと違った独特の緊張感が漂っているため、それにのまれてしまうこともあるでしょう。そんな緊張をほぐすのにも、ほぐしあそびは有効です。舞台に出る前に、「ふーふーストロー」（P86）や「手回しオルゴール」（P92）で遊ぶと、呼吸をしやすくなるので、緊張がほぐれます。前作『ヨガであそぼう！』の「ぐにゃぐにゃビート」もおすすめです。

　また、発表を見ていただく前に、お客さまに、「ほぐしあそびで大切なこと」をアナウンスするのもよいでしょう。「無理をせず、本人に合った形で楽しむことが大切で、他の人と同じ形をとることが大切ではない」ということをわかっていただければ、「うちの子だけ、他の子と違う形をしている、うまくできていない」といった感想を抱かれることもなくなります。次のページのアナウンス例を参考にしてください。

発表会でのアナウンス例

🎤 これから発表するあそびは、アートヨガ・ほぐしあそびシアターの「　　（タイトル）」です。

ちきゅうたんけんたい

🎤 子どもたちが探検隊になって、地球を旅しながら動物たちと出会い、ヨガのポーズをしていきます。

にんじゃのにんトレじゃ！

🎤 子どもたちが忍者になって、トレーニングを積み、関節のやわらかさを獲得します。

みっしょのミッション

🎤 子どもたちが忍者になって、さまざまなミッションを果たし、足腰の力をつけます。

アートヨガ・基本メソッドで遊ぶ

🎤 子どもたちが、アートヨガ・基本メソッドで遊び、心と体のバランスをとります。

🎤 これから発表する子どもたちの動きは、もしかしたら、ばらばらに見えるかもしれません。けれども、アートヨガ・ほぐしあそびで大切なことは、「絶対に無理をしないこと」です。自分にとって無理なく動ける範囲は、当然のことながら、全員同じではありません。ですから、みんなが足並みそろえて同じ形をとるのが正解ではなく、子どもたちひとりひとりが、自分にとって無理のない範囲で動くことが、一番の正解です。このことをふまえて、子どもたちひとりひとりの動きを見守ってください。

> アートヨガ・基本メソッドは保護者に参加してもらっても！

🎤 そして実はこのメソッド、大人のこわばりもほぐれます。保育者が誘導しますので、客席のみなさんも一緒にやってみましょう。

🎤 それでは、○歳児による、「　　　」をどうぞお楽しみください！

小澤直子

「アートヨガ・ムーヴ」主宰。1983年、従来のヨガとは一線を画した形で、脳と体をテーマにした独自の「アートヨガ」を体系化。2004～2007年までNHK教育TV『からだであそぼ』で「ほぐしあそび」を指導・監修。保育者向けの講習会や保育誌などでも活躍中。

■主な著書
『ヨガであそぼう！アートヨガほぐしあそび』（鈴木出版）
『脳をひらく体』『超感覚ヨガ入門』（河出書房新社）
『子どもとからだを勉強する』（初出 クレヨンハウス）
絵本『からだであそぼう あし』小澤るしや・絵（ポプラ社）
　　『からだであそぼう て』小澤るしや・絵（ポプラ社）
　　『からだであそぼう かた』小澤るしや・絵（ポプラ社）
DVD「小澤直子のアートヨガ・基本メソッド」（学研教育みらい）

アートヨガ・ムーヴURL◆ http://www.ozawanaoko.com/
※「アートヨガ」の教場は、東京にある小澤直子主宰の「アートヨガ・ムーヴ」1か所のみです。他に支部はありません。

新沢としひこ（作曲）

シンガーソングライター。保育者を経験した後、数多くのCDや楽譜集を発表。現在はコンサートや保育講習会の講師として活躍するかたわら、児童文学や絵本を出版するなどマルチに才能を発揮。代表作『世界中のこどもたちが』は、小学校の教科書に採用され、カバーも多数。

■主な著書
『歌でおぼえる 手話ソングブック』シリーズ 共著（鈴木出版）
『おなかペコペコソングブック』共著（鈴木出版）
『新沢としひこのみんなのたいそう』（鈴木出版）
CDブック『あそびうたぎゅぎゅっ！』監修・共著（全音楽譜出版社）
絵本『はじめまして』大和田美鈴・絵（鈴木出版）
紙芝居『とっしん とっしん とっしんた！』あべ弘士・絵（童心社）
CD『そらとともだち』（日本コロムビア）

アスク・ミュージック URL ◆ http://www.ask7.jp/

小澤るしや（作詞）

「アートヨガ・ムーヴ」副主宰。保育所、幼稚園で「ほぐしあそび」を指導。テレビや保育誌でも活躍中。イラストレーターとして小説の表紙、扉絵を手がけ、絵本作家としても活動。著書に『折れない心と、集中力のある子を育てる 小澤式キッズヨガ ほぐしあそび』小澤直子・監修（河出書房新社）がある。

新生璃人（作詞）

作家・映像作家。日本映画監督協会会員。日本大学芸術学部映画学科監督コース卒、芸術学部長賞受賞。ドラマ・PVの監督や、演劇の劇中映像などを手がける。アートヨガ作品では、DVDの監督、絵本の構成、作詞を担当。

http://rihito-arao.com/

カバーイラスト　佐古百美
本文イラスト　ハセチャコ　中小路ムツヨ　鹿渡いづみ
デザイン　Zapp!（高橋里佳　田中夏子）
楽譜制作　アスク・ミュージック
編集担当　菊池文教　乙黒亜希子

ヨガであそぼう！2　アートヨガほぐしあそび シアター

2016年7月26日　初版第1刷発行
2021年2月3日　初版第2刷発行

著　者　小澤直子・新沢としひこ
発行人　西村保彦
発行所　鈴木出版株式会社
　〒101-0051　東京都千代田区神田神保町2-3-1
　岩波書店アネックスビル 5F
　TEL.03-6272-8001　FAX.03-6272-8016
　振替　00110-0-34090
印刷所　図書印刷株式会社

©N.Ozawa T.Shinzawa Printed in Japan 2016
ISBN978-4-7902-7242-7　C2037
日本音楽著作権協会（出）許諾第 1607390-102号

鈴木出版 URL ◆ http://www.suzuki-syuppan.co.jp/

乱丁、落丁本は送料小社負担でお取り替え致します（定価はカバーに表示してあります）。
本書を無断で複写（コピー）、転載することは、著作権法上認められている場合を除き、禁じられています。

「アートヨガ」（登録第 4863123 号）・「ほぐしあそび」（登録第 5072850 号）は小澤直子の登録商標です。